지은이 샤론 케이

오하이오 클리블랜드에 있는 존 캐롤 대학에서 철학을 가르치고 있어요.
1992년에 위스콘신-매디슨 대학을 우수한 성적으로 졸업한 파이베타카파 클럽 회원이며
1997년 토론토 대학에서 박사 학위를 받았어요. 논문을 쓰고 교과서와 철학 소설 등을
집필하면서 어린이를 위한 철학 프로그램도 제작하고 있어요.

옮긴이 임현정

서강대학교 철학과를 졸업했어요. 옮긴 책으로 《둘리틀 박사의 바다 여행》,
《둘리틀 박사의 서커스단》, 《둘리틀 박사의 캐러밴》 등 둘리틀 박사의 모험 시리즈,
샬럿 퍼킨스 길먼의 《내가 깨어났을 때》, 《허랜드》, 《내가 살고 싶은 나라》로 구성된
페미니스트 유토피아 3부작과 단편선 《누런 벽지》(근간)등이 있어요.

Big Thinkers and Big Ideas: An Introduction to Eastern and Western Philosophy for Kids by Sharon Kaye PhD.

Copyright ⓒ 2020 Callisto Media, Inc.
Frist published in English by Rockridge Press, an imprint of Callisto Media, Inc.
All rights reserved.

Interior and Cover Designer: Jone Archer
Art Producer: Michael Hardgrove
Editor: Barbaro Isenberg
Production Editor: Jenna Dutton
Illustration ⓒ 2020 Tara Sunil Thomas, cover, pp. 36, 54, 62, 69, 81, 88, 92, 107, 108, 138, 145
Interior art used under license from ⓒSutterstock.com & iStockphoto.com.
Author Photo courtesy of ⓒ Sally Al-Qaraghull

This Korean edition was published by Cum Libro in 2021 by arrangement with Calisto Media Inc.
through KCC(Korea Copyright Center Inc.), Seoul.

이 책은 (주)한국저작권센터(KCC)를 통한 저작권자와의 독점 계약으로 책과함께어린이에서 출간되었습니다.
저작권법에 의해 한국 내에서 보호를 받는 저작물이므로 무단전재와 무단복제를 금합니다.

같은 질문 다른 대답

생각을 깨우는 철학

샤론 케이 지음 | 임현정 옮김

책과함께 어린이

차례

들어가는 말

1 철학이란 무엇일까요?   **9**

2 실재에 관한 질문들:
우리가 살아가는 세계만이 진짜일까요?   **17**

3 지식에 관한 질문들:
우리가 확실히 아는 것이 있을까요?   **51**

4 윤리학에 관한 질문들:
어떻게 해야 인생을 잘 살아갈 수 있을까요?   **85**

5 논리학에 관한 질문들:
참인지 거짓인지 어떻게 알까요?   **119**

용어 풀이 152   **찾아보기 154**

내가 만약 여러분과 색깔이 다르게 보인다고 한다면 어떨까요? 예를 들어, 여러분에게 초록색으로 보이는 풀이 내게는 빨간색으로 보여요. 여러분에게 구름은 하얀색인데 내게는 까만색이에요. 나는 태어났을 때부터 색깔이 이렇게 보였으니까 여러분처럼 색깔을 말한다면 빨간색을 '초록색'이라고 부르고 까만색을 '하얀색'이라고 부를 거예요.

여러분은 내가 보고 있는 세상이 잘못됐다고 어떻게 증명할 수 있을까요? 여러분은 내 머릿속을 들여다볼 수 없고 나 역시 여러분의 머릿속을 볼 수 없으니 우리는 비교해 볼 도리가 없군요.

세상 사람들 중 절반은 나처럼 보이고 나머지 절반은 여러분처럼 본다고 상상해 봅시다. 이제 누가 맞고 누가 틀린 걸까요?

이 상황이 정말 참이라면 어떨까요? 우리는 사람들이 색깔이나 다른 모든 것을 똑같은 방식으로 본다는 사실을 어떻게 알까요?

세상을 보는 방식에 옳고 그름이 있을까요?

여러분은 혹시 이렇게 심오한 질문에 대해 생각해 본 적 있나요? 철학이란 이런 것이랍니다. 철학은 재미있을 뿐 아니라 두뇌에도 좋은 학문이에요. 심오한 질문에 대해 생각한다면 누구나 철학자가 될 수 있어요.

1장

철학이란 무엇일까요?

이제 여러분은 철학자가 되고 싶다는 생각이 들 거예요. 그런데 어디서부터 시작해야 할지 모르겠다고요? 마침 잘됐네요! 여러분이 들고 있는 이 책이 아주 훌륭한 출발점이 될 거예요. 이 책은 많은 사람들이 궁금해하는 철학적 질문과 활동으로 가득해요. 이 모든 것들이 여러분의 정신을 단련시키고 깊이 생각할 수 있게 도와줄 거예요. 언제나 처음부터 시작하는 게 가장 좋으니 우리도 그렇게 해 봅시다. 그런데 철학이란 무엇일까요?

철학의 기원

'철학'이라는 말은 '지혜에 대한 사랑'을 뜻하는 그리스어에서 유래했어요. 고대 그리스의 수도 아테네에서 살았던 겸손한 학자인 소크라테스가 한 말이에요. 아테네는 세계 최초의 **민주주의** 국가였어요. 아테네에는 시민들에 의해 운영되는 정부가 있었어요.

소크라테스는 그렇게 앞선 사회를 건설한 아테네 시민들이 자랑스러웠어요. 하지만 그에게는 여전히 이 사회가 좋은 곳인지 아닌지에 대한 수많은 질문이 있었지요. 소크라테스는 좋은 사회가 **실재**, 지식, **논리**, 정의에 관한 중요한 진리 위에 세워져야 한다고 생각했어요. 철학에서 **진리**란 실제로 존재하는 것, 혹은 사실의 성질이나 특성에 정확하게 들어맞는 문장, 주장, 믿음 등을 말해요.

소크라테스는 아테네 시민들에게 이런 어려운 진리에 대해 생각해 보라고 했어요. 사람들은 그의 질문에 제대로 대답하기 힘드니까 화를 냈어요. 더 나아가 젊은이들이 자신들을 어리석다고 여기거나 자신들의 권위를 의심하기 시작할까 봐 두려웠어요. 결국 소크라테스를 신을 믿지 않는 불경죄와 젊은이들을 타락시킨 죄로 고발했어요.

소크라테스는 재판장에서도 어려운 질문들을 던지는 걸 멈추지 않았어요. 그는 사회가 망가지지 않고 계속 발전하려면 진리를 추구하는 것이 중요하다고 믿었어요. 슬프게도 배심원단은 소크라테스에게 유죄를 선고했고, 그는 독미나리로 만든 즙을 마시고 죽고 말았어요.

질문을 싫어한 아테네인들은 작은 것을 얻었지만 큰 것을 잃었어요. 소크라테스를 존경한 젊은이들은 그의 죽음에 분노한 나머지 그의 명예를 기리기 위해 아카데미아라고 부르는 학교를 세웠어요. 이곳은 훗날 유럽에서 시작된 대학의 기원이 되었지요. 대학은 사람들이 함께 모여 공부하는 곳으로, 무슨 질문이든 할 수 있어요.

소크라테스가 세상을 떠난 지 2400년이 넘는 시간이 흘렀어요. 여러분은 소크라테스가 옳았다고 생각하나요? 사회는 진리를 추구함으로써 자멸하지 않고 발전할 수 있었을까요?

토론과 논쟁

사람들은 대학에서 어떤 식으로 배울까요?

토론, 다시 말하면 서로 의견을 나누면서 배워요. 이것은 소크라테스가 가르친 방법이에요. 소크라테스는 진리란 사과처럼 나무에서 그냥 자라는 게 아니라는 것을 보여 주었어요. 사과를 따듯이 진리나 생각을 고른 다음 그것을 사실이라고 말할 수는 없어요. 그건 그렇게 간단하지 않아요. 하나의 사실은 물건이나 사람, 생각 등을 보는 하나의 방법에 지나지 않아요. 사실이 참인지 아닌지 결정하려면 하나의 사실도 여러 방향에서 보아야 해요. 바로 토론을 통해서 사실을 다양하게 볼 수 있지요.

예를 들어, 나는 3학년 때 크리스토퍼 콜럼버스가 아메리카 대륙을 발견했다고 배웠어요. 이것이 사실이라고 생각했어요. 하지만 크리스토퍼 콜럼버스가 아메리카 대륙에 도착했을 때 그곳에는 이미 다른 사람들이 살고 있었어요. 아메리카 원주민들이었지요. 그렇다면 콜럼버스는 진짜 아메리카 대륙을 발견한 것일까요? 여러분은 아메리카 원주민들이 이 사건을 뭐라고 말해야 한다고 생각하나요? 아메리카 원주민들의 시각에서 유럽인들이 아메리카 대륙에 도착한 사실이 어떻게 보일지 생각해 보는 것이 중요하겠지요.

내가 3학년 때 우리 반에서 이 문제를 이야기해 볼 기회가 있었으면 좋았을 텐데 아쉬워요. 내가 어렸을 때는 철학자가 되라고 격려해 주는 사람이 별로 없었어요. 선생님들은 학생들이 혼란스러울까 봐 걱정되셨는지 배운 내용에 대해 질문하는 것을 별로 달가워하지 않았어요. 다행스럽게도 이제 상황이 변하고 있어요.

여러분은 훌륭한 철학자가 될 수 있어요. 왜일까요? 어린이들은 원래 모든 것을 궁금해하기 때문이에요. 사실 제대로 토론을 하려면 선생님이 말한 내용을 그대로 외우는 것보다 긴 시간이 필요해요. 하지만 유익한 시간이지요. 여러분은 배운 내용에 대해 생각할 때마다 진리에 한 걸음 더 다가가게 될 거예요.

소크라테스가 살던 시대에는 모든 사람들이 지구가 평평하다고 믿었어요. 또 노예 제도가 아무런 문제가 없다고 생각했지요. 지금 우리가 얼마나 발전했는지 보세요! 하지만 우리 역시 아직 갈 길이 멀어요. 오늘날 우리가 믿는 것 가운데 미래의 후손들이 민망해 할 만한 게 무엇이 있을까요? 그것을 찾아내는 방법은 한 가지밖에 없어요. 바로 끊임없이 질문하고 토론하는 것이지요.

철학자들의 토론은 종종 **논쟁**으로 변하기도 해요. 논쟁은 우리가 무언가를 배우는 두 번째 방법이에요. 논쟁은 예의를 지키면서 말이나 글로 다투는 걸 뜻해요. 의견 차이가 있을 때 상대방의 주장을 들은 다음, 근거를 내세워 그 말이 틀렸다는 것을 증명하려고 노력해요.

내가 여러분의 주장에 찬성하지 않는다고 해서 우리가 적이 되는 건 아니에요. 나와 여러분은 상대편일 뿐이지요. 철학자들은 자기가 생각하는 것에 반대하는 사람들에게 고마워했어요! 논쟁을 할 때도 마찬가지예요. 내가 제시하는 근거를 듣고 여러분의 마음이 바뀔 수도 있고, 반대로 여러분의 근거가 내 마음을 바꿀 수도 있어요. 어쩌면 계속 의견이 다를 수도 있겠지요. 한 가지 분명한 점은 논쟁을 통해 우리는 좀 더 잘 이해하게 되고 좀 더 지혜로워진다는 사실이에요.

철학의 분야

소크라테스가 '철학'이라는 말을 만들긴 했지만 세계 최초의 철학자는 아니었어요. 인류 역사가 시작된 후 수많은 사람들이 어려운 질문을 던지고 토론하고 논쟁을 해 왔지요. 철학을 학문의 영역으로 끌어들인 건 소크라테스의 제자들이 만든 아카데미아라는 시스템이었어요. 철학에는 네 개의 주요 분야가 있어요. 바로 **형이상학**, **인식론**, **윤리학**, **논리학**이에요. 하나씩 살펴 봅시다.

형이상학 | 실재

실재에 대한 학문을 형이상학이라고 해요. 실재는 독립적이고 객관적으로 존재한다는 뜻이고, 형이상학은 '물리학을 넘어서'라는 의미의 그리스어에서 왔어요. 물리학은 물질과 운동을 연구하는 학문으로, 이를 테면 구슬이 경사진 곳을 굴러 내려가는 데 걸리는 시간을 측정해요. 우리가 볼 수 있고 만질 수 있는 것들이지요. 하지만 형이상학에서는 '존재한다', '있다'는 게 무슨 뜻인지 질문을 던지지요. 알쏭달쏭한 이런 질문들을요. 시간은 무엇일까요? 운동은 무엇일까요? 여러분은 누구일까요? 여러분은 하나일까요? 아니면 여럿일까요? 숫자는 무엇일까요? 왜 세상이 있을까요? 세상은 어디에서 왔을까요?

인식론 | 지식

지식에 대한 학문을 인식론이라고 해요. 여러분이 인식론을 공부한다면 이런 질문들을 하게 될 거예요. 우리는 무엇을 알고 있으며 그것을 어떻게 알 수 있을까요? 우리가 안다고 확실하게 말할 수 있는 게 있을까요? 내 느낌은 믿을 만한 것일까요? 의심은 좋은 것일까요? 나쁜 것일까요? **믿음**은 무엇인가를 아는 방법일까요? 여러분에게는 참인데 다른 사람에게는 참이 아닌 것도 있을 수 있을까요?

윤리학 | 가치

도덕적 가치들, 다시 말하면 옳고 그름에 관한 학문을 윤리학이라고 해요. 소크라테스의 어려운 질문들은 모두 아테네를 좋은 사회를 만들고자 하는 마음에서 비롯되었다는 것을 기억할 거예요. 인류에게 좋은 삶이란 무엇일까요? 어떻게 행복을 찾을 수 있을까요?

이기적인 것은 항상 나쁜 것일까요? 거짓말 하는 것은 어떨까요? 폭력은 또 어떨까요? 어떤 행위의 옳고 그름을 그 행위의 목적으로 판단해야 할까요? 아니면 행위가 불러온 결과로 판단해야 할까요? 가족과 친구들 중 어느 쪽이 더 소중할까요?

 ## 논리학 | 비판적 사고

타당한 추론에 관한 학문을 논리학이라고 해요. 간단히 말해 무엇인가가 참인지 거짓인지 밝혀내는 학문이지요. 논리학에서는 논증을 다루는데, 논증은 주장과 그 주장을 뒷받침하는 문장인 근거들로 이루어져요. 우리가 논리학을 잘 안다면 이런 식으로 질문을 할 거예요. 여러분은 어떻게 논증을 구성하나요? 논증에는 여러 종류가 있나요? 좋은 논증과 나쁜 논증의 차이는 무엇일까요? 수학 등식과 같은 논증은 어떤가요? 의심할 수 없는 논증이 있을까요? 사람들이 자기 생각을 주장할 때 가장 쉽게 저지르는 실수는 무엇일까요?

왜 철학을 공부할까요?

이 질문 때문에 머리가 빙글빙글 돈다고요? 걱정하지 마세요! 이 모든 걸 하루나 한 달, 혹은 일 년 안에 다 생각할 필요는 없으니까요. 철학은 여러분이 평생에 걸쳐 공부할 수 있는 학문이에요. 나는 지금 삼십 년 동안 철학을 공부했는데도 아직도 배워야 할 게 많아요. 여러분이 일단 철학을 시작하고, 이를 통해 하루하루의 경험이 얼마나 나아지는지 깨닫는다면 철학은 여러분의 일부가 될 거예요. 그러면 항상 모든 것을 철학자의 눈으로 보게 될 거예요. 내가 간단한 예시를 들어 볼게요.

나는 반려견인 위저드를 아주 좋아해요. 녀석에게 아주 잘해 주지요. 하루는 위저드와 함께 긴 시간 동안 산책을 하고 싶었어요. 하지만 위저드는 밖에 나가고 싶어하지 않았어요. 비가 올 것 같은 느낌이 들었던 거예요. 그래도 나는 위저드를 데리고 나갔어요. 우리는 쫄딱

젖고 말았지요.

　나는 억수같이 쏟아지는 비를 맞는 게 재미있다고 생각했어요. 하지만 위저드는 화가 났어요. 그날 저녁 평상시와 달리 내 옆에 앉으려고도 하지 않았지요. 아들은 위저드에게 사과하라고 내게 말했어요. 나는 웃으면서 개에게 무슨 사과를 하냐고 말했지요. 그런데 아들은 내 말에 반대했어요. "개도 사람이에요!"

　아들의 말이 나를 멈춰 세웠어요. 나는 이 말을 오랫동안 골똘히 생각했어요. 그리고 생물학적 의미에서 사람(human)과 마음이 있는 존재로서 사람(person)을 다른 범주로 본 철학자들의 주장을 읽어 보았어요. 결국 나는 아들의 말이 옳다고 생각했어요. 위저드는 생물학적 의미의 사람은 아니지만 마음이 있는 존재라는 의미에서는 사람이니까요.

　위저드를 마음이 있는 존재라고 여기게 된 후 우리 둘의 관계는 아주 많은 면에서 발전했어요. 내 친구 대부분은 여전히 위저드는 개일 뿐이라면서 내가 약간 미친 것 같다고 말해요. 하지만 사람들은 과거에 소크라테스도 미쳤다고 말했지요. 그러므로 난 그 말에 신경 쓸 필요가 없다고 생각해요.

2장

실재에 관한 질문들:
우리가 살아가는 세계만이 진짜일까요?

여러분은 상상 속 친구를 사귀어 본 적 있나요? 혹은 게임이 너무 재미있어서 여러분의 진짜 삶보다 훨씬 더 진짜같이 느껴진 적이 있나요? 여러분은 게임에서 요새를 짓거나 성 안에서 왕족 행세를 했을 수도 있어요.

이런 여러분에게 어른들은 머릿속으로 상상하는 세계는 실제로 존재하지 않는다고 말했을지도 몰라요. 대부분 우리가 살아가는 세계만이 실제로 존재한다고 여기니까요. 그러나 철학자들은 꼭 그렇게만 보지는 않아요. 정말 이 세계가 실제로 존재하는 유일한 것일까요?

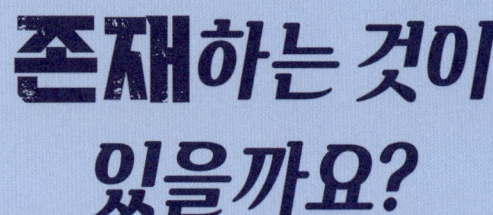

존재하는 것이 있을까요?

재하는 것이 있을까요?

"그럼요!" 여러분은 창 밖으로 보이는 세상을 가리키면서 말할 거예요.

"정말 많아요! 나무도 있고, 도시도 있고 온 세상이…."

잠깐, 기다려 봐요. 만약 여러분이 가상 현실 비디오 게임 속 캐릭터라고 한다면 어떨까요? 나는 게임 캐릭터인 '여러분'과 '여러분이 살고 있는 세계'를 창조한 외계인이라고 상상해 봅시다. 그렇다면 여러분이 살면서 경험한 건 모두 가짜이겠죠. 내가 만들어 낸 비디오 게임의 일부일 뿐이니까요.

"그건 불가능해요!" 여러분은 아마 이렇게 대답할 거예요.

왜 불가능하지요? 여러분의 존재가 가짜라는 내 주장을 믿기 힘들 수도 있지만 거짓이라고 증명하기도 힘들어요. 이런 가능성들을 진지하게 생각해 보는 것이야말로 유용한 **사고 실험**이에요. 사고 실험은 이론을 시험하기 위해 고안해 낸 가상 실험을 말해요. 인류 역사상 철학자들은 이 사고 실험을 통해, 만약 존재하는 것이 있다면 무엇이 실제로 존재하는지에 대한 수많은 결론에 이르렀어요.

아디 샹카라는 8세기 인도 철학자로 세상을 환상 또는 공상이라고 여겼어요. 그는 실제로 존재하는 것은 브라만뿐이라고 했지요. 브라만은 세상 만물의 본성으로, 영원하고 변하지 않아요. 그의 말에 따르면 우리 마음에도 브라만이 있기 때문에 우리는 진짜로 존재해요.

18세기 아일랜드 출신 철학자 **조지 버클리**는 생각만이 참된 실재라고 주장했어요. 그는 신을 거대한 정신이라고 했어요. 신은 우리가 보고 만질 수 있는 물리적인 세계를 창조한 게 아니라 정신을 만들어 낸 다음, 그 정신에 우리가 느낄 수 있는 감각을 불어넣었어요. 버클리는 우리가 보거나 들을 수 있는 물질적인 실재는 아무런 의미가 없다고 생각했어요.

20세기 러시아 철학자 **아인 랜드**는 이 세상의 존재는 자명한 이치라고 했어요. 세상이 존재한다는 것은 확실하므로 이 주장을 증명할 필요가 없다는 말이지요. 그리고 모든 인간은 자기 자신을 위해 존재한다고 해요.

우리가 살아가는 세계만이 진짜일까요? **19**

플라톤은 고대 그리스 철학자로 우리가 살고 있는 물리적 세계 너머에 참된 세계가 있다고 주장했어요. 플라톤은 '동굴의 비유'를 예로 들었어요. 평생 동굴 속에 갇혀 있는 사람들이 있어요. 그들은 오직 뒤편에서 타고 있는 모닥불에 비친 그림자만 볼 수 있고, 움직일 수 없어요. 이것이 세상의 전부라고 믿어요. 플라톤은 이렇게 사람들이 진실 대신 그림자만 보고 있다고 했어요. 그래서 자신을 해방시키고 참된 세계 즉 이데아를 보라고 했지요. 플라톤은 우리가 사는 물리적 세계는 이데아의 그림자에 불과하다고 했어요.

폴 처칠랜드와 퍼트리샤 처칠랜드 부부는 미국 출신 현대 철학자들로 플라톤과는 반대되는 주장, 즉 물리적 세계만이 실재한다는 주장에 찬성해요. 생각은 우리의 뇌 속 신경들 사이로 흐르는 에너지일 뿐이라고 주장해요. 즉 생각을 뇌의 작용으로 보는 것이지요. 자기 공명 영상(MRI)과 같은 뇌 스캐너를 사용하면 세상에 있는 모든 물리적 반응을 측정하는 것처럼 여러분의 생각도 측정할 수 있어요.

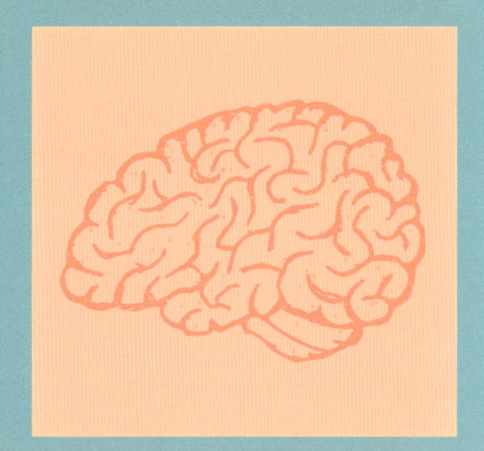

생각해 봅시다!

여러분은 저마다 가상 현실 비디오 게임 속 캐릭터가 아니라는 사실을 어떻게 증명할 수 있을까요? 이 게임은 여러분이 한 번도 보지 못한 기술에 기반하고 있다는 사실을 기억하세요. 이 기술을 이용하면 이메일을 보내기만 해도 촉촉하고 부드러우면서도 달콤하고 맛있는 컵케이크가 만들어져요. 여러분은 게임 속 컵케이크와 세상에 있는 컵케이크가 다르다는 것을 어떻게 알 수 있을까요? 만약 두 컵케이크를 구별할 수 있는 방법이 없다면 이 둘은 진짜 똑같이 실재하는 것일까요?

왜 없지 않고 있을까요?

주에 무엇이 있는지 정확히 몰라요. 우주에 무언가가 존재한다면 왜 그런 걸까요? 아무것도 없는 **무(無)**의 상태일 수도 있을까요? 이러한 '무'도 존재할 수 있을까요?

'무'가 있다고 상상해 봅시다. 여러분은 아무것도 없는 상태를 머릿속에 그릴 수 있나요? 그건 어떤 모습인가요?

여러분이 무언가를 상상했다면 그건 없는 게 아니에요. 즉 '무'가 아니겠지요.

만약 아무것도 생각하지 않다면 어떨까요? 그렇다면 '무'를 생각할 수조차 없겠군요.

이크! '무'는 철학적으로 정말 알쏭달쏭한 문제네요.

17세기 네덜란드 출신 철학자 **바뤼흐 스피노자**는 '무'가 존재하는 것은 불가능하다고 말했어요. 스피노자가 그렇게 말한 이유는 우주의 존재가 필연적이기 때문이에요. '필연적'이라는 말은 그렇게 될 것이 확실하며 달리 다른 일이 일어날 수 없다는 말이에요. 세상 모든 것은 그것이 존재하는 방식대로 있어야 해요. 이 세상에서 일어나는 모든 일 역시 그렇게 될 수밖에 없지요. 어떤 것이, 어떤 것이 아닌 다른 것이 될 가능성은 없어요.

오늘날 캐나다 출신 물리학자 **로렌스 M. 크라우스**는 스피노자와는 반대로 우주가 아무것도 없는 무(無)에서 시작되었다고 했어요. 과학자들은 우주 공간이 실은 엄청난 에너지로 들어차 있다는 것을 밝혀냈어요. 그리고 양의 에너지와 균형을 이루어, 우주의 총 에너지를 0으로 만드는 음의 에너지를 찾아냈어요. 크라우스는 이 불안정한 '무'의 상태로부터 우주가 탄생했다고 했어요.

주돈이는 11세기 중국 철학자로, 우리가 보는 세상은 태극으로부터 온 것이라고 생각했어요. 태극은 형체가 없지만, 태극으로부터 나온 음양의 원리는 멈춤과 움직임을 끊임없이 반복하면서 기를 만들어 내요. 기는 생명의 힘이자 우주의 물리적 힘을 뜻해요.

17세기 독일 철학자 **고트프리트 빌헬름 라이프니츠**가 말하기를, 무엇인가 있을 수밖에 없는 이유는 단 한 가지, 바로 신이에요. 라이프니츠가 주장한 '충족 이유율'에 따르면 세상 모든 것에는 존재하는 이유가 있어요. 우주 역시 존재하는 충분한 이유가 반드시 있어야 해요. 이유를 설명하는 데 또 다른 이유가 필요해서는 안 되고, 설명하거나 증명하지 않아도 저절로 알 수 있어야 해요. 라이프니츠는 신만이 그러한 존재라고 했어요. 신은 필연적 존재이기 때문이에요. 우주는 신이 존재하기를 바랐으므로 존재해야 해요.

20세기 영국 철학자 **버트란드 러셀**은 우주가 존재하는 데에는 아무런 이유도 필요하지 않다고 주장했어요. 러셀은 우리가 경험하는 모든 것이 설명될 수 있다는 점에서 '충족 이유율'을 찬성했어요. 하지만 우주에서 일어나는 일 전부를 경험할 수는 없다고 지적했어요. 우리는 우주에서 일어나는 아주 작은 일들, 폭풍우, 별똥별 같은 것만 경험할 뿐이에요. 이런 것들이 일어나는 이유는 설명할 수 있지만 과연 모든 우주에 대해 설명할 수 있을까요? 그렇지 않아요. 전체는 받아들일 수밖에 없는 '주어진 사실'이에요. 그저 존재하는 것이지요. 러셀은 필연적 존재가 있다는 개념을 거부했고 신의 존재를 믿지 않았어요.

생각해 봅시다!

'무'라는 개념은 참 이해하기 힘들어요. 하지만 포기하기 전에 여러분 자신을 생각해 봐요. 여러분은 한때 '무'가 아니었나요? 예를 들어, 아주 오랜 옛날 공룡들이 지구에 살고 있었을 때를 생각해 봅시다. 그때 여러분은 무엇이었나요? 여러분은 어떤 것으로 이미 존재하고 있었나요? 아니면 '무'였나요? 정확히 언제 어떤 것으로 존재하기 시작했나요? 만약 그랬다면 여러분은 무엇이었나요? 어디에 있었나요?

우주는 어떻게 생겨났을까요?

역사를 통틀어 세상 사람들은 별이 반짝이는 하늘을 올려다보며 이렇게 크고 아름다운 우주가 어떻게 생겨났을까 궁금해했어요. 라이프니츠 같은 많은 사람들은 우주가 어떻게 생겨났을까 하는 질문의 답을 찾으려고 생각에 생각을 거듭하다가 신과 같은 최고 존재에 이르렀어요. 반면에 크라우스와 러셀 같은 사람들은 같은 질문을 던졌지만 어떤 결론에도 이르지 못했지요. 어떤 철학자들은 여전히 우주는 어딘가에서 시작된 게 아니라 항상 존재하고 있었다고 말해요.

"그건 불가능해!" 여러분은 이렇게 생각할지도 몰라요.

그런데 왜 불가능할까요? 신을 믿는 사람들은 신이 **영원**하다고 믿어요. 이 말은 신이 항상 존재하고 있었다는 뜻이에요. 신에게 시작이 없는데 우주에게 꼭 시작이 있어야 할까요?

중앙 아프리카의 **쿠바** 족은 음봄보라고 불리는 하얀 거인이 우주를 만들었다고 믿어요. 아주 오랜 옛날 이 거인은 아무것도 보이지 않는 암흑 같은 물속에서 지독한 복통을 앓았어요. 그리고 마침내 태양과 달, 별들을 토해 냈어요. 태양과 달, 별들이 내는 열 때문에 물이 사라진 자리에 땅이 생겼고, 거인은 그곳에 동물과 사람들을 창조했어요.

아메리카 원주민 **호피** 족은 태양 정령인 타와와 거미 여인이 우주를 창조했다고 믿어요. 여기에는 다양한 이야기가 있어요. 타와가 일단 무한한 공간에서 세상을 만든 다음, 거미 여인이 세상에서 살아갈 동물과 인간을 만들었다고도 해요.

우리나라 제주도 전통 설화에 따르면 우주가 창조되기 전 무의 세계에서는 하늘과 땅이 하나였어요. 그러던 어느 날 틈이 만들어졌어요. 그 틈은 가벼운 것은 하늘로 밀어 올렸고 무거운 것은 땅으로 내려 보냈어요. 하늘과 땅은 이슬 한 방울씩 만들어 냈고 이 이슬이 합쳐지면서 신들과 인간들이 만들어졌어요.

우리가 살아가는 세계만이 진짜일까요?

13세기 이탈리아 신학자인 **토마스 아퀴나스**는 우주에 시작이 있어야 한다고 말했어요. 우리는 세상에서 '원인의 질서'를 관찰할 수 있어요. 원인에는 결과가 뒤따르는데 그 결과는 또 다른 결과의 원인이 되지요. 그렇게 꼬리를 물고 이어져요. 날씨가 추워지면(원인) 코트를 입어요(결과). 코트를 입으면 (원인) 몸이 따뜻해져요(결과). '원인의 질서'는 시작점 없이 영원히 이어져 온 것일까요? 아퀴나스는 그렇지 않다고 말했어요. 첫 번째 원인이 없으면, 두 번째 원인은 있을 수 없어요. 두 번째가 없으면 세 번째도 없을 거예요. 원인이 없다면 결과 역시 있을 수 없겠지요. 따라서 아퀴나스는 첫 번째 원인이 있어야 한다고 생각했고 이를 '신'이라고 했어요.

12세기 아랍 철학자 **이븐 루시드(아베로에스)**는 아퀴나스와 달리 우주는 항상 존재했다고 주장했어요. 신이 영원히 존재해 왔다면 신이 창조하는 행위 역시 계속되어 온 게 분명해요. 그러니까 우주 역시 영원히 존재해야 하지요. 신은 만지거나 우리가 느낄 수 있는 존재가 아니에요. 그러므로 도미노를 툭 쳐서 차례로 넘어뜨리듯이 신이 하나의 사건을 만들어 내고, 그 사건이 다른 사건을 만들어 내는 방법으로 이 세계를 창조한 게 아니에요. 그 대신 불꽃이 빛을 내듯이 신이 세계를 내뿜었어요. 빛은 불꽃과 한 몸이에요. 하나가 없으면 나머지도 없겠지요. 다시 말하면 불꽃에 시작이 없다면 빛에도 시작이 없어요. 신과 우주의 관계는 이 빛과 불꽃의 관계라고 할 수 있어요.

생각해 봅시다!

대부분의 문화에는 이 세상이 생겨난 이야기인 창세 설화가 있어요. 창세 설화에 공통적으로 나타나는 기본 틀, 즉 영원한 존재가 있었는데 어느 날 우주를 창조하기로 결심했다는 견해가 옳다고 해 봅시다. 이 영원한 존재는 세상을 만들겠다고 결심하기 전 아주 오랜 시간 동안 무엇을 하고 있었을까요? 영원한 존재는 처음이 없으므로 끝없이 오랜 시간 동안 홀로 존재하고 있었을까요? 아니면 영원이라는 시간은 너무 길기 때문에 영원한 존재가 혼자 있을 때 흘러간 시간에 대해 이야기하는 것은 아무 쓸모가 없을까요?

우주는 무엇으로 이루어졌을까요?

위를 둘러보면 우주는 정말 여러 가지로 이루어진 것 같아요. 하지만 철학자들은 이 모든 것이 가장 기본적인 하나의 물질에서 나왔다고 생각했어요. 기원전 6세기와 5세기 즈음 소아시아에서는 이 기본적인 물질이 무엇인지에 관한 **이론**이 유행했어요. 철학자들 대부분 우주가 네 가지 기본 요소로 이루어져 있다는 주장에 동의했어요. 바로 흙, 공기, 불, 물이었어요. 그런데 이 네 가지 요소 중 가장 기본적인 것은 무엇일까요? 이 질문은 수많은 다툼으로 이어졌어요. 오늘날 우주를 얼마나 더 잘 알게 되었는지 확인하려면 세상의 첫 과학자들이 뭐라고 말했는지 알아봐야겠죠.

고대 소아시아 출신 **탈레스**는 우주는 물로 만들어졌다고 생각했어요. 탈레스는 물이 어떻게 고유한 성질을 간직한 채 고체에서 액체로, 액체에서 기체로 변하는지 관찰했어요. 그는 물이야말로 만물의 근원이며, 세상에 존재하는 모든 것은 모양만 다를 뿐 모두 물로 이루어졌다고 생각했어요.

고대 소아시아 출신 **아낙시메네스**는 우주는 공기로 이루어져 있다고 주장했어요. 그는 생물이 숨을 쉬려면 공기가 필요하다는 사실을 깨달았어요. 그리고 공기가 실제로 다른 물질로 변한다고 생각했어요. 예를 들어, 공기가 차가운 유리에 닿아 응축되면 물로 변해요. 또한 공기는 바람이 되면 물보다 훨씬 자유롭게 움직일 수 있지요.

고대 소아시아 출신 **헤라클레이토스**는 우주가 불로 만들어졌다고 주장했어요. 불은 생물과 마찬가지로 커지기도 하고 이리저리 움직이다가 꺼져요. 헤라클레이토스는 이렇게 불이 계속해서 변하는 모습을 지켜보았어요. 그는 우주는 살아 있으며 불은 우주의 **영혼**이라고 생각했어요.

우리가 살아가는 세계만이 진짜일까요?

고대 소아시아 해안에서 떨어진 한 섬에서 태어난 **피타고라스**는 우주가 숫자로 되어 있다고 주장했어요. 피타고라스를 따르는 사람이 굉장히 많았는데, 이들은 "모든 것은 숫자다."와 "신은 숫자다."라고 외치고 다녔어요. 이 말은 과학 법칙과 정확한 측정이 세계를 이해하는 열쇠라는 뜻이에요. 예를 들어, 피타고라스의 수학 법칙인 피타고라스 정리에 따르면 세 변의 길이의 비율이 3:4:5인 삼각형에는 반드시 직각이 한 개 있어요. 피타고라스 정리는 항상 정확해요. 심지어 우리 머릿속에만 존재하는 삼각형일지라도 피타고라스 정리는 여전히 참이에요. 피타고라스는 역사를 통틀어 많은 철학자들로 하여금, 우리가 살고 있는 변화하는 물리적 세계 너머에 있는 영원한 진리를 추구하도록 이끌었어요.

오늘날 미국 천문 물리학자 **닐 디그래스 타이슨**과 같은 과학자들은 우주가 일반 물질, 암흑 물질, 암흑 에너지로 이루어져 있다고 해요. 일반 물질은 주변에 보이는 것들, 그러니까 여러분이 앉아 있는 의자 같은 것들이에요. 일반 물질은 분자로 이루어져 있고 분자는 원자로 이루어져 있어요. 과학자들은 20세기에 이르러 일반 물질만으로는 우주 안에 있는 은하들이 서로를 끌어당기는 현상을 설명할 수 없다는 사실을 깨달았어요. 우주에는 눈에 보이지 않는 것들, 즉 암흑 물질과 암흑 에너지가 포함되어 있는 게 분명하다는 주장을 하게 되었지요. 우주는 5퍼센트의 일반 물질, 25퍼센트의 암흑 물질, 70퍼센트의 암흑 에너지로 이루어져 있다고 생각했어요. 그러나 우리는 암흑 물질과 암흑 에너지를 눈으로 볼 수 없으니 그게 무엇인지 거의 몰라요.

생각해 봅시다!

실험을 해 봅시다.

1. 김이 모락모락 나는 뜨거운 물을 투명한 유리컵에 반쯤 채우세요.

2. 유리컵 위에 얇은 플라스틱 접시를 올려놓으세요.

3. 접시 위에 얼음을 가득 담으세요.

유리컵의 옆면을 보세요. 무슨 일이 일어나고 있나요? 탈레스와 아낙시메네스는 과연 이런 실험을 했을까요? 탈레스와 아낙시메네스가 이 실험을 했더라면 물과 공기 모두 분자로 이루어져 있다는 사실을 깨닫는 데 도움이 되었을까요? 분자는 물질을 구성하는 최소 단위예요. 여러분은 이 실험 결과에 이르는 데 분자들이 어떤 역할을 했다고 생각하세요?

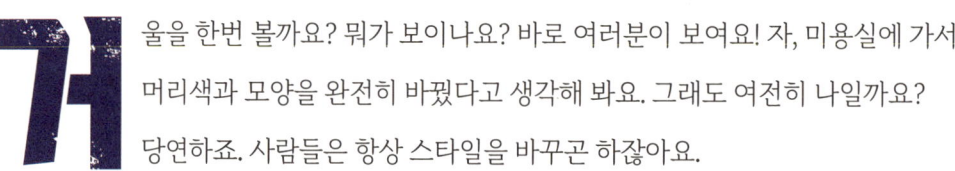

내가 나일 수 있는 것은 무엇 때문일까요?

거울을 한번 볼까요? 뭐가 보이나요? 바로 여러분이 보여요! 자, 미용실에 가서 머리색과 모양을 완전히 바꿨다고 생각해 봐요. 그래도 여전히 나일까요? 당연하죠. 사람들은 항상 스타일을 바꾸곤 하잖아요.

먼 미래에 여러분 모습이 딴 사람처럼 달라질 수도 있어요. 그렇다면 외모가 완전히 바뀌어도 여전히 나일까요? 아예 몸이 새로워진다면 어떨까요? 뇌가 새로워진다면? 영혼이 새로워진다면? 이렇게 계속 바뀌다 보면 여러분은 여러분이 아닌 다른 사람이 될까요? 자신이 맞는지 확신하려면 여러분의 어떤 면이 있어야 할까요? 왜 그럴까요?

불교에서는 모든 것은 변하며 영원히 지속되는 것은 없다고 가르쳐요. '나'의 존재 역시 그러하지요. 그래서 '고정되고 변하지 않는 나' 즉 '자아'는 존재하지 않는다고 해요.

기독교에서는 사람이 육체와 영혼으로 이루어져 있다고 여겨요. 영혼은 참된 '나'예요. 기독교인들은 사후 세계를 믿기에 죽으면 육체는 사라지더라도 영혼은 남아 천국이나 지옥에 갈 거라고 생각해요.

오늘날 미국 철학자 **주디스 버틀러**에 따르면 자아는 우리가 속한 사회에 의해 만들어져요. 주변 사람들, 즉 가족과 친구들, 선생님들의 억압 때문에 우리가 특정한 방식으로 행동하고 생각하게 된다는 뜻이에요. 이러한 수많은 억압은 성별에서도 찾아볼 수 있어요. 예를 들어, 여러분이 여성으로 태어났다면 사회는 여러분이 여성스러운 옷을 입고, 여성스럽게 행동하고, 여성스럽게 보이도록 억압할 거예요.

페르시아 출신 11세기 철학자 **이븐 시나**는 영혼이 있다는 것을 주장하기 위해 흥미로운 사고 실험을 했어요. 방금 공중에서 한 사람이 탄생했다고 상상해 봅시다. 그는 팔을 쭉 뻗고 있지만 손에 만져지는 것이 아무것도 없어요. 방금 탄생했기 때문에 머릿속에 아무런 기억도 없어요. 눈을 감고 있으니 보이는 것도 없지요. 또 들을 수 없고 냄새도 못 맡고 맛도 느끼지 못해요. 그렇다면 공중에서 날고 있는 이 사람의 정신은 텅 비어 있을까요? 그렇지 않아요. 그는 자기 자신에 대해 알고 있을 거예요. 이븐 시나는 자아가 분명히 존재할 뿐 아니라 육체와 분리되어 있다고 생각했어요. 예를 들어, 여러분은 물리적으로 어떤 감각이 느껴지지 않더라도 자신이 존재한다는 것을 알아요.

20세기 미국 철학자 **대니얼 데닛**은 인간에게는 영혼이 없다고 생각해요. 그는 인간이 다양한 기관이 있는 육체에 지나지 않다고 주장해요. 맞물려 돌아가는 톱니바퀴들처럼 여러 기관들이 함께 일을 함으로써 생명이 유지되지요. 가장 중요한 기관은 뇌예요. 우리는 뇌 덕분에 생존에 필요한 언어를 익힐 수 있어요. 아주 오랜 옛날에 살았던 사람들은 서로에게 "가!", "와!"와 같이 아주 짧은 명령어로 소리를 질렀어요. 그리고 시간이 흐르면서 좀 더 복잡한 문장으로 얘기하게 되었죠. 다른 사람들과 대화하는 것보다 훨씬 더 중요한 건 우리 자신에게 이야기하는 것이에요. 우리는 항상 자신에게 말해요. "난 왜 이걸 한 걸까?", "난 그 다음에 뭐 해야 하지?" 나를 느끼는 감각은 이러한 자신과의 대화를 통해 생기는 거예요.

생각해 봅시다!

만약 자아의 의미가 잘 와 닿지 않는다면 좀비와 인터뷰를 하는 게 도움이 될 거예요! 철학자들은 좀비에 대해 얘기하는 걸 좋아해요. 어떤 좀비는 인간의 몸을 하고 있지만 영혼이 없어요. 이들은 뇌가 있으니 우리처럼 말을 해요. 여러분이 이런 좀비들과 이야기한다고 생각해 봅시다. 그 좀비들을 평범한 사람들과 비교할 수 있을까요? 좀비들은 자신이 존재한다고 느낄까요?

나는 과거의 나와 같은 사람인가요?

우리 몸은 수많은 세포로 되어 있어요. 세포는 저마다 수명이 달라요. 수명이 며칠에 불과한 세포도 있는 반면 몇 달에 이르는 세포도 있죠. 몸속 세포 대부분은 10년에서 15년마다 새 세포로 바뀌어요. 이 책을 들고 있는 여러분의 손은 갓난아기였을 때 엄마 손가락을 잡고 있던 손이 아니에요. 그렇다면 여러분은 과연 똑같은 사람일까요? 과학자들은 사람이 살아 있는 내내 죽지 않는 뇌세포가 있다는 사실을 밝혀냈어요. 이 세포들 덕분에 여러분은 과거와 같은 사람인 걸까요? 아니면 결국 다른 사람일까요? 20년이 흐른 뒤에도 여러분은 여전히 지금과 똑같은 사람일까요? 아니면 새로운 사람일까요?

오늘날 미국 철학자 **에릭 올슨**에 따르면 인간은 동물에 불과해요. 동물들은 시간이 지나도 여전히 똑같아요. 같은 이유로 인간 역시 시간이 흘러도 똑같은 인간이에요. 우리 몸은 쉬지 않고 움직이도록 설정되어 있기 때문이에요. 육체가 죽으면 우리는 더 이상 존재하지 않아요.

16세기 파키스탄 철학자 **구루 나나크**에 따르면 사람과 동물 모두 영혼이 있어요. 영혼은 영원히 변하지 않으며 시간이 지나면 다른 육체로 다시 태어나요. 이를 '환생'이라고 해요. 환생이 계속되는 한 영혼이 같으면 육체가 달라도 여러분은 같은 사람이에요.

20세기 미국 철학자 **린 러더 베이커**에 따르면, 자아가 계속 살아 있는 한 여전히 같은 사람이에요. 그가 말하기를 사람은 감정이 있어야 하고, 다른 사람을 모방할 수 있어야 하며, 어떤 행동을 할 때 이유가 있어야 한다고 했어요. 이 세 가지 조건을 만족하면 자기 자신을 '나'라고 부를 수 있어요. 이렇게 자신을 '나'라고 부르는 한 계속 우리는 똑같은 자아를 가져요. 이 자아는 육체가 죽어도 살아남아서 사후 세계를 살아가지요.

17세기 영국 철학자 **존 로크**에 따르면 지금의 여러분이 과거와 똑같은 사람인 까닭은 여러분이 간직한 기억 때문이에요. 로크는 왕자와 구두장이의 영혼이 바뀌는 사고 실험을 생각해 냈어요. 왕자의 생각과 감정은 구두장이의 몸으로 가는 반면 왕자처럼 생긴 남자는 구두장이처럼 생각하고 느끼지요. 그렇다면 누가 진짜 왕자일까요? 로크는 왕자의 영혼을 가진 사람이 진짜 왕자라고 생각했어요. 우리의 생각과 느낌은 평생에 걸쳐 경험한 기억에서 온 것이에요. 우리와 똑같이 기억하는 사람은 단 한 명도 없어요. 서로 기억이 다르므로 우리는 모두 달라요.

20세기 영국 철학자 **데릭 파핏**은 여러분이 과거와 똑같은 사람이라는 주장은 말이 안 된다고 주장했어요. 다른 사람과 다른 이유는 기억 때문이라는 로크의 주장이 옳다 하더라도, 그 기억 때문에 여러분이 살아 있는 건 아니니까요. 우리는 공상 과학 소설 덕분에 기억을 복사하거나, 두 사람의 뇌에 나눠 넣는 것, 심지어 기억을 지우는 것이 어떤 건지 상상할 수 있어요. 그런데 이런 것들이 과연 똑같은 사람을 여러 명 만들거나, 한 사람을 여럿으로 나누거나, 사람을 지워 버리는 것과 똑같은 것일까요? 파핏은 과거의 여러분과 현재의 여러분은 똑같은 사람이 아니라고 생각했어요. 이러한 파핏의 생각은 행복한 결론으로 이어져요. 먼 훗날, 여러분의 죽음은 세상에서 몸이 사라지는 것일 뿐 여러분의 마지막을 의미하는 게 아니거든요.

생각해 봅시다!

지후에게는 나무 널빤지로 만든 낡은 배 한 척이 있어요. 그는 나무 널빤지를 하루에 하나씩 교체하기로 마음먹었어요. 널빤지를 교체하기 시작한 첫날, 배는 회색인데 널빤지 하나만 새로 칠한 파란색으로 바뀌었어요. 반년이 흐르자 배 절반이 파란색으로 변했어요. 그리고 1년이 지나자 전체가 파란색이 되었지요. 처음 배를 이루고 있던 나무 널빤지들은 하나도 남아 있지 않아요. 지후의 배는 과연 새것일까요? 만약 그렇다면 언제부터 새것이 된 것일까요?

시간은 무엇일까요?

지루할 때는 시간이 느리게 흘러가다가도, 즐거울 때는 쏜살같이 가 버린다고 느낀 적이 있나요? 이 느낌은 그저 착각일까요, 아니면 시간이 진짜 빨라졌다, 느려졌다 하는 것일까요? 그 답은 시간이 무엇인지에 달려 있어요. 만약 시간이 여러분 '밖'에 있는 우주의 한 부분이라면 시간은 여러분의 행동에 맞춰서 빨라지거나 느려질 수 없어요. 하지만 고통이 우리 몸 안에 있듯이 만약 시간이 우리 '안'에 있다면 시간은 바뀔 수 있어요. 결국 똑같은 부상이라도 사람마다 느끼는 아픔이 다르듯 말이지요. 시간은 우리 '밖'에 있을까요, 아니면 '안'에 있을까요? 이 질문에 대해 철학자들마다 의견이 다르답니다.

17세기 영국 철학자 **아이작 뉴턴**에 따르면 시간은 우리 '밖'에 존재해요. 뉴턴은 시간을 끊임없이 이어지는 순간들을 담은 변하지 않는 그릇이라고 생각했어요. 세상에 있는 모든 시계가 멈추더라도 시간은 항상 일정한 속도로 흘러갈 거예요. 이러한 뉴턴의 생각은 운동 법칙과 만유인력 법칙의 발견으로 이어졌어요.

19세기 독일 철학자 **에드문트 후설**은 시간이 우리가 사는 세상 바깥에 존재한다는 뉴턴의 주장에 반대했어요. 후설은 시간이 우리 '안'에 있다고 주장했어요. 후설에 따르면, 시간은 끊임없이 변하는 '지금'이에요. 우리는 살아온 과거를 되돌아보고 현재 자신이 원하는 목적과 관심을 바탕으로 미래를 내다보지요. 후설은 '지금 이 순간'만으로 시간을 설명하려고 했어요.

20세기 프랑스 철학자 **자크 데리다**는 시간이 우리 '안'에 있다는 점에서 후설의 주장에 동의하지만 시간이 언제나 '지금'이라는 주장에는 반대해요. 현재 이 순간은 과거는 물론 미래와도 연결되어 있으니까요.

우리가 살아가는 세계만이 진짜일까요?

후설과 데리다 모두 4세기 로마 철학자 **아우구스티누스**로부터 영감을 받았어요. 아우구스티누스는 시간에 대해 '아는 듯하다가도 막상 누군가 묻는다면 설명할 수 없는 것'이라 하며, 과연 시간이 존재하는가 하는 문제로 씨름했지요. 과거, 현재, 미래란 과연 있을까요? 아우구스티누스에 따르면, '과거'는 이미 흘러 지나갔고 '미래'는 아직 오지 않았기 때문에 없다는 것이죠. '현재' 역시 순식간에 과거가 되므로 역시 '있다'고 말할 수 없게 되죠. 결국 그는 시간을 마음속에서 생겨나는 것으로 보았어요. 그리고 이 마음의 시간은 과거와 미래가 언제나 현재 안에 함께한다고 했어요. 과거는 '기억'으로서, 미래는 '기대'로서 현재 안에 있다는 것이죠.

20세기 영국 물리학자 **스티븐 호킹**은 빅뱅, 즉 우주가 시작됨과 동시에 시간이 생겨났다고 주장했어요. 호킹은 시간 여행이 가능하다고 믿었어요. 그래서 이를 시험해 보기로 했어요. 바로 미래에서 올 시간 여행자들을 파티에 초대한 거예요. 그런데 호킹은 파티가 끝난 뒤에야 초대장을 보냈어요. 시간 여행이 가능하다면, 사람들이 과거로 와서 파티에 참석할 수 있을 테니까요. 하지만 아쉽게도 아무도 파티에 나타나지 않았어요. 호킹은 이를 시간 여행은 불가능할 것이라는 신호로 받아들였어요. 사람들이 왜 파티에 나타날 수 없었는지 호킹과 다르게 설명할 수 있을까요?

생각해 봅시다!

시간 여행으로 여러분의 외할아버지가 아이였던 시절로 돌아갈 수 있다고 생각해 봅시다. 할아버지에게 여러분이 누구인지 설명하자 할아버지는 너무 놀란 나머지 심장마비로 세상을 떠나고 말았어요. 이제 상황이 이상해지기 시작해요. 할아버지는 세상을 떠났으니 할머니를 만날 수 없어요. 그렇다면 어머니는 태어나지 않겠지요. 만약 어머니가 태어나지 않았다면 여러분 역시 태어나지 않을 거예요. 그럼 여러분은 세상에 존재하지 않아요. 그런데 만약 여러분이 존재하지 않는다면 여러분의 할아버지는 어떻게 세상을 떠났을까요?

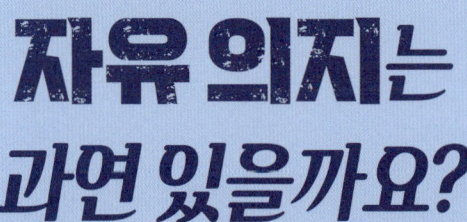

자유 의지는 과연 있을까요?

른 오른팔을 들어 보세요!

그렇게 했나요?

여러분이 오른팔을 들지 말지는 순전히 여러분 마음이에요. 이것은 **자유 의지**, 그러니까 여러분이 무슨 행동을 할지 말지를 선택할 수 있는 능력에 대한 완벽한 예시인 것 같아요. 하지만 여러분이 하는 모든 선택은 많은 것들에 영향을 받아요. 일단 여러분의 물리적인 조건이 영향을 미치지요. 예를 들어, 책을 읽을 수 있는 눈이 없다면 방금 팔을 들어야겠다는 생각조차 하지 못했을 거예요. 또 여러분을 둘러싼 환경도 선택에 영향을 미쳐요. 여러분은 들은 대로 행동하도록 배웠나요? 혹시 이래라저래라 하는 사람들에게는 의심의 눈초리를 보내라고 배웠나요? 이런 것들이 여러분의 선택에 미치는 영향은 생각보다 훨씬 크답니다.

20세기 미국 심리학자 **B. F. 스키너**와 같은 **결정론자**들은 모든 선택은 우리 마음대로 할 수 없는 것들에 의해 결정된다고 주장해요. 다만 우리가 알아차리지 못하기 때문에 우리 선택이 자유로워 보이는 거예요. 다람쥐는 스스로 생각해서 도토리를 뜰에 파묻는 것처럼 보여요. 하지만 녀석은 본능에 따라서 그렇게 할 뿐이에요. 스키너는 인간 역시 다람쥐와 마찬가지로 자유 의지가 없다고 믿었어요.

오늘날 미국 철학자 **수잔 울프**와 같은 **양립 가능론자**들은 우리가 하는 모든 선택은 이미 결정되어 있지만, 여전히 우리 마음대로 할 수 있는 선택도 있다고 말해요. 예를 들어, 어제 오빠가 수지에게 돌을 던졌어요. 그래서 오늘은 수지가 오빠에게 돌을 던졌지요. 수지는 자신의 성격 때문에 다른 선택을 할 여지가 없었다고 했어요. 하지만 수지가 돌을 던진 행동은 강요된 게 아니라 스스로 선택한 것이에요. 여전히 수지는 자유롭다고 생각할 수 있어요.

20세기 영국 철학자 **C. A. 캠벨**과 같은 **자유 의지론자**들은 인간에게 자유 의지가 있다고 주장해요. 만약 우리가 선한 행동과 악한 행동 중에서 선택할 자유가 없다면 우리의 행동을 책임질 수 없어요. 만약 수지가 오빠에게 돌을 던졌을 때 우리는 그저 어깨를 으쓱하면서 그 행동이 어쩔 수 없었다고 말할 수 있을까요? 그렇지 않아요. 수지는 돌을 던지지 않는 선택을 할 수 있었어요.

17세기 영국 철학자 **토머스 홉스**는 양립 가능론자였어요. 홉스는 인간이 복잡한 동물에 불과하다고 믿었어요. 모든 동물과 마찬가지로 인간도 먹을 것과 살 곳, 출산에 대한 **욕구**가 있어요. 만약 사회가 아닌 자연에서 살아간다면 우리는 원하는 것을 차지하려고 제멋대로 싸울 거예요. 그리고 폭력으로 가득 찬 외로운 삶을 살다가 금방 죽고 말겠지요. 다른 동물보다 똑똑했던 인간들은 서로 협력하는 게 낫다는 사실을 깨달았어요. 사람들은 규칙에 따라 더 이상 싸우지 않겠다는 약속을 하고 살아가지요. 그렇다고 해서 사람들이 종종 자신의 욕구대로 행동하고 싶어 한다는 사실이 변하는 건 아니에요. 홉스는 우리가 욕망을 억누르는 것이 아니라 욕망에 따라 자유롭게 행동한다고 믿었어요. 선택을 할 때면 언제나 가장 강한 욕구를 따르게 되지요.

20세기 프랑스 철학자 **장 폴 사르트르**는 자유 의지론자였어요. 사르트르는 어떤 대상을 설명할 때 본질을 분명히 밝히는 데 주목했어요. 예를 들어, 컵은 액체를 담는 그릇이고, 얼룩 다람쥐는 줄무늬가 있는 설치류예요. 사르트르에 따르면 과학은 인간을 완전히 설명하지 못해요. 사물과 달리 인간에게는 미리 주어진 본질이 없어요. 우리는 매 순간 우리가 하는 선택을 통해 본질을 만들어 가는 자유로운 존재이니까요. 우리에게는 자유 의지가 있어요. 인간은 누구든, 무엇이든 될 수 있어요.

생각해 봅시다!

두 건초더미 사이에 서 있는 당나귀 한 마리를 머릿속에 그려 봅시다. 당나귀는 왼쪽에 있는 건초를 먹고 싶기도 하고 오른쪽에 있는 건초를 먹고 싶기도 해요. 문제는 두 욕구가 어느 한쪽으로 쏠리지 않고 완벽하게 균형을 이루고 있다는 점이에요. 이 당나귀는 결국 굶어 죽게 될까요? 결정론자에 따르면 당나귀는 그렇게 될 거예요. 욕구가 모든 행위의 원인이기 때문이에요. 두 욕구의 크기가 똑같다 보니 당나귀는 어느 한쪽의 건초를 먹겠다고 정하지 못해요. 여러분이 이와 비슷한 상황에 처하게 된다면 어떻게 될까요? 여러분은 자유 의지로 이 상황을 해결할 수 있을까요?

우리가 살아가는 세계만이 진짜일까요?

3장

지식에 관한 질문들:
우리가 확실히 아는 것이 있을까요?

어느 날 나는 다락에서 할아버지가 학교 다닐 때 쓰시던 과학 교과서를 발견했어요. 나는 교과서를 펼치고는 다음 내용을 읽었어요.

> 인간의 몸은 네 가지 액체, 그러니까 까만 담즙과 노란 담즙, 혈액과 가래로 구성되어 있습니다. 몸이 아프다는 것은 몸을 구성하는 액체들의 균형이 맞지 않다는 뜻이므로 혈액을 몸 밖으로 빼내야 합니다. 혈액을 몸 밖으로 빼낼 때에는 거머리를 이용하면 도움이 됩니다.

세상에! 옛날 사람들은 정말 터무니없는 말들을 참이라고 생각했군요!

그런데 잠깐만요. 만약 여러분의 과학 교과서를 100년 후 여러분의 손자가 펼쳐 보면 어떻게 될까요? 여러분이 오늘날 '참'이라고 배운 지식들을 보고 웃음을 터뜨릴까요?

지식은 무엇일까요?

믿음과 지식은 어떻게 다를까요? 믿음은 참일 수도, 거짓일 수도 있어요. 참이나 거짓으로 판별될 수 있는 추측이나 의견 등이 수학적 증명이나, 과학적 방식, 논증과 같은 다양한 방법을 거쳐 확실히 옳은 것으로 인정되면 지식이라 할 수 있어요.

참된 믿음은 우연히 생기기도 해요. 예를 들어, 여러분은 할머니가 운전하는 차를 타고 집에 가고 있어요. 할머니는 창 밖을 보고 "들판에 외양간이 있구나."라고 말했어요. 할머니가 본 것은 광고판이었지요. 그런데 여러분 눈에 진짜 외양간이 보이는 거예요. 여러분과 할머니 모두 들판에 외양간이 있다는 참된 믿음이 있어요. 하지만 할머니가 본 것은 실제 외양간이 아니기 때문에 여러분의 믿음만 정당해요. 정당하다는 말은 확실히 옳다고 인정된다는 뜻이에요. 이런 상황을 두고 철학자들은 무엇이 참된 믿음인지 이러쿵저러쿵했어요.

오늘날 미국 철학자 **리처드 퓨머튼**은 지식을 피라미드처럼 차근차근 쌓아 올려야 한다고 생각해요. 들판에 외양간이 있다는 여러분의 믿음은, 눈에 보이는 것이 옳다는 믿음이 있기 때문에 가능해요. 마찬가지로 보이는 것이 옳다고 믿으려면 먼저 세상이 진짜로 있고, 눈에 보이는 세상을 여러분이 의식하고 있다고 믿어야 해요. 이런 것들이 참된 믿음의 피라미드를 구성하는 단단한 벽돌이 된답니다.

오늘날 미국 철학자 **로렌스 반주어**는 의심할 수 없는 참된 믿음이 있다는 입장과 달리해요. 모든 것에 대해, 심지어 이 세계가 실재하는지, 그렇지 않은지에 대해서도 질문을 던질 수 있다고 말해요. 우리는 '의심의 바다'에서 통나무 여러 개를 엮어 뗏목을 만들 듯 지식 체계를 만들어 가야 해요. 논리적으로 잘 들어맞는다면 어떤 믿음이든 받아들일 수 있어요.

오늘날 미국 철학자 **린다 재그젭스키**는 뗏목(지식 체계)을 제대로 만들지 못한 사람은 '거짓된 믿음의 바다'로 둥둥 떠내려 가게 된다고 말해요. 이러한 철학자들은 지식을 추구하는 사람들의 태도가 가장 중요하다고 주장해요. 스스로 최선을 다해 주의를 기울이고, 증거를 토대로 생각하는 사람이라면 자신의 믿음을 참이라고 신뢰하는 게 맞겠지요.

20세기 프랑스 철학자 **미셸 푸코**는 정당화된 참된 믿음, 즉 확실히 옳다고 인정되는 믿음 같은 건 없다고 여겼어요. 최고 권력자의 말이라면 무엇이든 지식이 된다고 생각했지요. 우리는 푸코의 생각이 역사 속에서 어떻게 드러났는지 알 수 있어요. 예를 들어, 옛날에는 지구가 우주의 중심이며 태양, 달, 별, 행성들이 지구 주위를 돈다고 믿었어요. 그런데 16세기에 갈릴레오 갈릴레이가 지구가 태양 주위를 돈다는 것을 발견했어요. 갈릴레오의 믿음은 당시 교황청이 해석한 성서 내용과 달랐어요. 성서에는 "하나님이 땅에 기초를 놓으사 영원히 흔들리지 아니하게 하셨나이다."라고 쓰여 있거든요. 교황은 갈릴레오를 이단, 즉 공식적인 교회의 가르침과 반대되는 의견을 퍼뜨린 죄로 체포했어요. 그리고 갈릴레오에게 자기 주장을 취소하도록 강요했어요. 갈릴레오의 말이 옳았는데도 말이에요. 아이들만 누군가를 따돌리고 괴롭히는 게 아니에요. 이런 일은 언제 어디서나 일어난답니다.

낸시 프레이저는 푸코의 이론이 앞뒤가 맞지 않다고 주장했어요. 만약 정당화된 참된 믿음 같은 것이 없다면 '권력자의 말이라면 무엇이든 지식이 된다'는 푸코의 믿음 역시 정당화될 수 없어요. 푸코의 주장이 참이라고 생각할 근거가 없다는 뜻이에요. 권력자들은 종종 자기가 옳다고 여기는 것들을 남들에게 강요했어요. 하지만 대부분 실패로 돌아갔지요. 후대 교황도 마침내 갈릴레오의 주장이 옳다고 인정했으니까요. 물론 푸코의 말대로, 권력자의 말이 곧 지식으로 받아들여지고 이에 반대하는 사람들은 핍박을 받아 온 건 사실이에요. 그렇지만 무엇이 참인지 알려면 서로에 대한 신뢰를 바탕으로 새로운 지식들을 끊임없이 살피고 확인해야 해요.

생각해 봅시다!

여러분의 믿음은 확실히 옳은 것으로 여겨질까요? 여러분이 맞다고 여기는 믿음들은 옳은 것으로 인정받아야 한다고 생각하나요? 무엇이 그 믿음들을 정당화시킨다고 생각하나요? 여러분이 믿고 있는 것들을 열 가지 정도 나열해 봅시다. 누군가가 여러분에게 믿으라고 강요한 믿음이 있나요? 다른 사람의 강요 때문에 믿는 게 있을까요? 이 사실을 안다면 골치가 아플까요? 친구에게 여러분이 나열한 것들을 보여 주고 그중 친구가 믿지 않는 것이 있는지 물어 보세요.

우리는 지식을 어떻게 얻을까요?

지식은 어디에서 올까요? 예를 들어 봅시다.
"티라노사우루스 렉스는 육식 동물이었다."
여러분은 아마 오래전부터 이 사실을 알고 있었을 거예요. 이 사실을 처음 알았을 때를 생각해 봐요. 어디에서 배웠나요?

아마 책이나 선생님을 통해, 혹은 어떤 영상을 보고 알았을 거예요. 그렇다면 그들은 어디서 알게 되었을까요? 아마 또 다른 책이나 선생님, 영상을 통해 알았겠죠. 그렇다면 그들은 또 어디서 그 사실을 알게 되었을까요? 이 질문은 영원히 계속되지 않아요! 누군가 어느 시점에 이 사실을 처음 발견했을 테니까요. 그런데 철학자들은 어떻게 이러한 발견이 가능하냐고 주장해요.

맨 처음 티라노사우루스 렉스의 뼈를 발굴해 낸 사람들을 상상해 봅시다. 그 사람들은 티라노사우루스 이빨을 보고 나서 그 공룡이 육식 동물이라고 생각했을까요? 아니면 육식 동물에 대해 생각하고 있었기 때문에 공룡의 이빨에 주목하게 된 것일까요?

오늘날 인도 출신 미국 철학자인 **아닐 K. 굽타**와 같은 **경험론자**들은 경험을 통해 지식을 얻을 수 있다는 입장이에요. 즉 인간은 눈, 귀, 코, 혀, 피부 같은 다섯 가지 감각으로 외부 세계를 경험하면서 정보를 모으고 지식을 얻지요.

미국 철학자 **놈 촘스키**와 같은 **합리론자**들에 따르면 사람들의 지식 대부분은 세상을 경험하는 것에서 얻어지는 것이 아닌 생각을 통해 얻은 거예요. 우리 뇌에는 기본적인 지식이 들어 있어요. 아이들이 그렇게 빨리 말의 규칙을 배울 수 있는 건 태어날 때부터 있던 기본적인 지식 덕분이에요.

17세기 잉글랜드 학자 **메리 아스텔** 같은 많은 철학자들은 합리론과 경험론을 결합하려 했어요. 아스텔은 우리가 경험이나 생각을 통해 외부 세계를 받아들일 수 있다고 주장해요. 이렇게 외부 세계를 받아들인 것 중에서 의심할 수 없는 확실한 것을 '지식'이라고 불러요. 반면에 의심할 수 있는 것은 '믿음'이라고 불러야 해요.

17세기 프랑스 철학자 **르네 데카르트**는 합리론을 창시한 사람 중 한 명이에요. 경험을 신뢰하지 않았던 데카르트는 생각을 통해 지식을 얻을 수 있다고 믿었어요. 여러분은 다른 방에서 인기척을 느꼈다고 확신했는데 막상 그 방에 가 보니 아무도 없었던 적 있나요? 이처럼 가끔 감각은 우리를 속이기도 해요. 너무 생생해서 진짜 같은 꿈을 꾸기도 하지요. 만약 우리를 속일 수 있는 악귀가 우리로 하여금 진짜 경험한 것처럼 느끼게 한다면 어떨까요? 데카르트는 확실하지 않는 것은 절대 받아들이지 않았어요. 그는 자신을 속일 수 없는 것은 단 한 가지, 생각하는 존재인 나 자신이라고 생각했어요. 속아 넘어가려면 생각하는 존재여야 하니까요! 그러므로 데카르트는 '생각하는 나'로부터 모든 지식을 쌓기로 결정했어요.

18세기 스코틀랜드 철학자 **데이비드 흄**은 경험론 창시자 중 한 명이에요. 흄은 모든 지식이 경험에서 온다는 주장을 증명하기 위해 한 가지 사고 실험을 생각해 냈어요. 여기 애덤이라는 사람이 있다고 상상해 봅시다. 애덤은 머리가 잘 돌아가는 어른이에요. 하지만 갓 태어난 아기처럼 세상 경험이 전혀 없어요. 자, 이제 애덤을 수영장 가장자리로 데려간 다음 자기 키보다 훨씬 깊은 물속을 걸어가라고 해 봐요. 애덤은 자신이 물에 빠져 죽을지도 모른다는 걸 알 수 있을까요? 그렇지 않아요. 이번에는 불을 피운 다음 손으로 불길을 잡아 보라고 해 봅시다. 자신이 불에 델 거라는 사실을 알 수 있을까요? 그렇지 않아요. 애덤은 다른 어른들처럼 생각을 잘 하더라도 경험으로 알게 된 사실이 없다면, 이런 수많은 생각은 전혀 도움이 되지 않을 거예요.

생각해 봅시다!

아래와 같은 실험을 해 봅시다.

1. 식초와 베이킹 소다에 대해 여러분이 이미 알고 있는 지식을 떠올려 보세요.

2. 빈 물병에 식초를 2.5센티미터 정도 높이까지 부어 보세요.

3. 풍선 안에 베이킹 소다 몇 숟가락을 넣어 보세요.

4. 풍선을 물병 입구에 씌우세요.

5. 풍선 안에 있는 베이킹 소다가 물병 안으로 떨어지도록 풍선을 들어 주세요.

무슨 일이 일어났나요? 여러분은 모르던 지식을 알게 되었나요? 만약 그렇다면, 그 지식은 실험의 반응을 보고 난 후 알게 된 것인가요? 아니면 식초와 베이킹 소다에 대해 여러분이 이미 알고 있던 생각에서 온 것인가요?

한 가지라도 확실한 지식이 있을까요?

여러분은 아는 것이 있나요? 만약 그렇다면 여러분이 안다는 사실을 어떻게 아나요? 그 반대라면, 여러분이 모른다는 것을 어떻게 아나요?

철학자들은 사람들이 주장하는 지식에 의문을 제기하곤 해요. 누군가 이런 말을 했다고 생각해 봅시다. "비타민을 먹는 것은 건강에 좋아요." 철학자라면 이렇게 대답할 거예요. "정말 그렇습니까? 그것을 어떻게 알지요?" 이런 태도를 <u>회의주의</u>라고 해요. 남의 말을 잘 믿지 않는 것이 꼭 나쁜 것만은 아니에요. 자꾸 의심함으로써 타당한 이유가 있는 믿음만 받아들이기 때문이에요.

과연 우리에게 한 가지라도 확실한 지식이 있을까요? 이런 의심을 품는 철학자들을 회의주의자라고 불러요.

고대 중국의 철학자 **장자**와 **혜자**는 연못 속 물고기가 즐거운지 아닌지 논쟁을 벌였어요. 혜자는 우리가 물고기가 아니기 때문에 그 사실은 아무도 모른다고 했어요. 그러자 장자가 호통을 쳤어요. "자네 역시 내가 아니네. 물고기에게 즐거움이 있는지 없는지 내가 모른다는 걸 자네가 어찌 안단 말인가?" 장자가 아님에도, 장자의 무언가를 알고 있다고 한 혜자의 말을 꼬집은 것이었어요. 장자는 그런 식이라면 자신이 물고기가 아니어도 물고기의 느낌을 알 수 있다고 대꾸했어요.

고대 로마 철학자인 **키케로**에 따르면 최고의 주장만 있을 뿐 참된 지식은 존재하지 않아요. 어떤 문제에 대한 자기 의견을 말하다 보면 결국 모순에 빠지게 되므로 사람들은 모순이 가장 적다고 여기는 주장을 사실로 받아들이게 되지요.

섹스투스 엠피리쿠스는 2세기 이집트 철학자로 우리는 어떤 견해도 참이라고 받아들일 수 없다고 말해요. 사람들은 무엇이 사실인지 판단하려고 하지만 결코 진리를 알 수 없다는 거지요. 따라서 이런 판단을 멈추어야 하며, 그럼으로써 마음의 평정을 유지할 수 있다고 주장했어요.

우리가 확실히 아는 것이 있을까?

고대 철학자 **파르메니데스**는 우리가 참된 지식을 얻을 수 있다고 확신했어요. 그는 '있는 것은 있고 없는 것은 없다'는 말을 남겼어요. 언뜻 당연해 보이는 이 말은 무슨 뜻일까요? 우리는 '없는 것'을 머릿속에 그릴 수 없어요. 우리가 생각할 수 있는 것은 '있는 것'뿐이라는 뜻이지요. 그의 말처럼 '없는 것'이 없다면 세상에는 '있는 것' 하나밖에 없겠지요. 그는 이 세상이 '변하지 않는 하나의 존재'라는 결론을 내렸어요. 그리고 우리는 이 세상이 변화한다고 느끼곤 하지만 그 변화는 모두 환상이며 불가능하다고 주장했어요.

14세기 영국 오컴 출신 철학자 **윌리엄**은 변화가 불가능하다는 파르메니데스와 의견을 달리했어요. 우리에게 보이는 세상의 수많은 변화는 정말 존재하는 것이에요. 그러한 변화는 움직임으로 설명할 수 있어요. 예를 들어, 여러분이 "엄마 얼굴이 빨갛게 변했어요."라고 말한다면 얼굴이 빨간 무언가로 변했다는 것이 아니라, 얼굴에 피가 몰렸다는 말이에요. 우리가 사용하는 말은 오해를 불러 오기도 해요. 그래서 그는 말할 때 불확실하거나 불필요한 것은 빼고 설명해야 한다고 했어요. '더 간단한 이론일수록 사실일 가능성이 높다'는 법칙을 제시했는데 이를 '오컴의 면도날'이라고 해요.

생각해 봅시다!

여러분이 의심스럽다고 생각하는 주장을 세 가지만 적어 봅시다. 무엇 때문에 의심스러운가요? 친구들과 각 주장에 대해 이야기해 보세요. 많은 질문을 하다 보면 결국 앞뒤가 맞지 않는 주장을 하게 될까요? 친구들과 나눈 견해 중에서 어느 것이 가장 좋아 보이나요? 여러분은 가장 좋은 견해를 받아들일 준비가 되어 있나요? 혹은 단 한 가지 믿음만 참이라고 결정하고 싶지는 않은가요? 그런 결정을 내리지 않아야 마음이 편안한가요?

다른 사람이 된다면 어떤 느낌일지 알 수 있을까요?

친구들과 함께 게임을 한다고 생각해 봅시다. 먼저 선생님이 딱정벌레 한 마리가 든 상자를 나누어 주었어요. 여러분은 상자 속에 든 딱정벌레를 봤어요. 하지만 다른 친구의 상자 안은 볼 수 없어요. 여러분은 돌아다니면서 친구들과 딱정벌레 이야기를 했어요.

얼마 후 선생님이 물어봅니다. "누군가 딱정벌레를 가지고 있었나요?"

"그럼요!" 여러분이 외쳐요. "모든 아이들이 저처럼 딱정벌레에 대해 말했는걸요."

그래요, 하지만 모두가 딱정벌레를 가지고 있는 척했을지도 몰라요. 여러분은 친구들의 상자 안에 진짜 뭐가 있었는지 직접 보지 않았는데 어떻게 알 수 있을까요?

이 게임은 다른 사람의 마음을 알 수 있는지에 대한 문제를 보여 주고 있어요. 여러분은 다른 사람들의 머릿속에 여러분과 같은 생각과 감정이 있다는 것을 어떻게 알까요?

20세기 독일 철학자 **한나 아렌트**에 따르면, 악한 행동은 잘못된 판단에서 비롯되고, 선한 행동은 좋은 판단에서 나와요. 철저히 따져 보고 충분히 생각해야 좋은 판단을 내릴 수 있어요. 그러므로 다른 사람이 어떤 생각을 하는지 알 수 없지만 좋은 일을 하는 사람들을 볼 때마다 그들이 충분히 많은 생각을 했다는 걸 알 수 있겠지요.

20세기 영국 철학자 **스튜어트 햄프셔**에 따르면, 다른 사람들이 우리와 비슷한 생각이나 반응을 하는 것을 보고 그들의 마음을 짐작할 수 있어요. 예를 들어, 망치에 엄지손가락이 찍혔다면 고통을 느끼며 '악!'하고 소리를 지를 거예요. 마찬가지로 다른 사람이 '악'하고 소리를 지른다면 그 사람도 고통을 느끼고 있다고 짐작할 수 있어요.

오늘날 오스트레일리아 철학자 **데이비드 차머스**에 따르면, 사람들의 행동 방식을 설명하는 가장 좋은 방법은 우리 모두 정신 체계가 같다고 믿는 것이에요. 이것 말고 다른 설명을 할 수 있을까요? 다른 사람들이 거짓말을 하고 있을까요? 그들은 인간 모습을 한 로봇일까요? 외계인이 조종하는 꼭두각시일까요? 이런 가능성은 나와 다른 사람들의 정신 체계가 같다는 설명에 비하면 굉장히 낮아요.

우리가 확실히 아는 것이 있을까요?

오늘날 미국 철학자 **토머스 네이글**은 이런 질문을 던졌어요. "박쥐가 된다면 어떤 느낌일까요?" 박쥐들은 눈 대신 메아리를 이용해서 세상을 봐요. 박쥐들은 밤에 날아다니고, 벌레들을 잡아 먹고, 하루 종일 거꾸로 매달려서 잠을 자지요. 여러분이 박쥐가 된다면 어떨지 상상할 수 있을지도 몰라요. 문제는 박쥐의 입장에서, 박쥐가 어떻게 느끼는지 알 수 있을까요? 토머스는 완전하게는 알 수 없다고 주장해요. 다른 존재가 어떻게 느끼고 생각할지 물론 상상할 수야 있겠죠.

그러나 그 상상은 여러분이 경험한 것을 바탕으로 이루어져요. 경험의 차이 때문에 아무리 박쥐 입장에서 보려고 해도, 여러분이 박쥐처럼 행동하는 것이 어떤 것인지 떠올릴 수 있을 뿐 박쥐의 느낌을 이해할 수 있는 것은 아니에요.

'상자 속 딱정벌레'라는 사고 실험을 제안한 사람은 20세기 오스트리아 철학자 **루트비히 비트겐슈타인**이에요. 딱정벌레 게임을 하면 상대방 상자 속을 모르더라도 대화할 수 있어요. "네 딱정벌레에 더듬이가 있니? 내 거에도 있어!" 이런 식으로 말이에요. 비트겐슈타인은 우리의 대화가 딱정벌레 게임을 하듯 이루어진다고 했어요. 상대방의 딱정벌레 상자를 들여다볼 수 없듯, 우리는 다른 사람의 생각과 느낌을 결코 알 수 없어요. 그래서 대화를 할 때도 내가 의미하는 것과 상대방이 의미하는 것이 정말로 같은지 확인할 길이 없지만, 그럼에도 의사소통을 하는 데는 문제없지요.

생각해 봅시다!

친구들과 함께 상자 속 딱정벌레 게임을 해 봅시다. 오직 한 사람의 상자에만 진짜 딱정벌레(혹은 다른 물건)를 집어넣어요. 그리고 다른 친구들을 한 명씩 불러서 상자에 딱정벌레가 들어 있는 척하라고 몰래 말해요. 이제 이야기를 나눠 봅시다. 상자에 딱정벌레가 있는 친구는 다른 친구들이 딱정벌레를 가지고 있는 척한다는 것을 알 수 있을까요? 딱정벌레가 없는 친구들은 딱정벌레가 있는 친구가 누구인지 알 수 있을까요?

진리란 무엇일까요?

 학자가 하는 일은 진리를 탐구하는 것이에요. 여러분이 진리를 알았다고 합시다. 그런데 그것이 진리라는 것을 어떻게 알 수 있을까요?

진리를 찾다 보면 이러지도 저러지도 못하는 상황에 놓여요. 이러한 상황을 **패러독스**(역설)이라고 해요. 만약 진리가 무엇인지 이미 알고 있다면 더 이상 그것을 찾아 헤맬 필요가 없어요. 이미 찾았으니까요. 그렇지만 무엇인지 몰라서 찾지 못했다면, 그것을 우연히 발견한다 한들 그것이 여러분이 찾던 것인지 어떻게 알아볼 수 있을까요?

다행히도 철학자들이 여러 의견들을 제시했지만, 모든 의견이 하나로 모아지지 않았어요. 평상시처럼 여러분의 생각을 스스로 결정해야 해요.

18세기 독일 철학자 **게오르크 헤겔**은 '진리는 역사의 힘'이라고 주장했어요. 서로 다투는 집단들이 합의하면서 진리를 찾는 노력이 곧 역사를 발전시키는 힘이라는 뜻이에요. 헤겔은 역사가 변증법의 세 단계를 통해 발전한다고 했어요. 먼저 중요한 계기가 생겨나요. 그리고 이것과 반대되는 계기가 생겨요. 그러고 나서 두 계기가 합쳐져요. 이 종합은 다시 새로운 정립이 되고, 완벽에 이를 때까지 세 과정이 무수히 반복돼요.

3세기 인도 철학자 **나가르주나**는 두 가지 진리가 있다고 했어요. 바로 일상적 진리와 궁극적 진리예요. 일상적 진리가 하루하루 일상에 적용될 수 있는 상식적인 차원에서의 진리라면, 궁극적 진리는 깨달음에 이르는 진리를 말하지요. 나가르주나는 일상적 진리를 사다리 삼아 궁극적 진리에 도달해야 한다고 했어요.

20세기 독일 철학자 **위르겐 하버마스**는 진리가 동의에서 비롯된다고 했어요. 물론 어느 집단에 속한 사람들이 동의한다고 해서 그 주장이 참이 된다는 뜻은 아니에요. 예를 들어, 어느 한 집단이 하늘에서 내리는 눈이 뜨겁다는 주장에 동의했다고 해 봅시다. 뜨거운 눈을 보거나 느껴보지 못한 사람들은 그 주장이 진리라는 사실에 동의하지 않을 거예요. 진리를 알려면 모든 것을 공정하게 살펴야 하고, 다른 사람들과 자신의 의견을 공유해야 해요.

우리가 확실히 아는 것이 있을까요?

19세기 미국 철학자 **윌리엄 제임스**는 유용한 것은 모두 진리라는 실용주의적 진리를 제시했어요. 예를 들어, 여러분에게 스스로 공부하는 것이 창의력을 기르는 데 도움을 준다는 믿음이 있다고 해 봅시다. 여러분이 이 공부법을 적용해 봤는데 결과가 만족스러웠다면 이것은 진리예요.

제임스는 더 나아가 이런 논리를 종교에도 적용했어요. 만약 신이 존재한다고 믿는 것이 유용하다면 그 믿음은 여러분에게 참이에요. 비록 신의 존재를 증명할 수 없다 하더라도요. 제임스 등장 이전까지 철학자들은 절대로 변하지 않는 진리를 찾으려고 끝나지 않는 논쟁을 했어요. 하지만 제임스에 따르면 절대적인 진리는 없어요.

19세기 영국 철학자 **윌리엄 클리퍼드**는 '자기에게 유용한 것이면 무엇이든 진리'라는 제임스의 주장을 끔찍하게 여겼어요. 클리퍼드는 배표를 잔뜩 팔고 싶어 하는 배 주인의 이야기를 해요. 배 주인은 항해를 떠나기 전에 배에 수리가 필요하다는 사실을 눈치챘지만 그냥 넘겼어요. 그는 배에 아무 문제가 없고 여행이 안전하게 끝날 거라고 믿고 싶어 했어요. 하지만 배는 침몰하고 말았어요. 클리퍼드는 승객들의 죽음에 대한 비난을 받아야 하는 사람이 배 주인이라고 말했어요.

그러고는 다음과 같이 경고했어요. "언제나, 어디서나, 누구라도 충분하지 않은 증거를 바탕으로 무엇이든 믿는 것은 잘못된 것이다." 배에 아무 문제가 없다는 믿음이 얼마나 큰 영향을 미쳤는지 보세요. 그는 승선권을 판매해서 돈을 한 보따리나 벌었지만 배는 침몰했어요.

생각해 봅시다!

윌리엄 클리퍼드는 실제로 배가 침몰해 죽을 뻔한 적이 있어요. 클리퍼드가 '유용한 것은 무엇이든 진리'라는 제임스의 믿음을 왜 그토록 끔찍하게 생각했는지 짐작할 수 있어요. 제임스는 클리퍼드의 비판에 뭐라고 대응할까요? 배가 안전하다고 믿는 것은 천사가 존재한다고 믿는 것 같은 종교적인 믿음과 같을까요? 믿음을 통해 경제적 이익을 얻는 것과 정신적으로 도움을 받는 것은 같을까요? 여러분은 제임스의 편인가요? 아니면 클리퍼드의 편인가요? 그리고 그 이유는 무엇인가요? 여러분은 진리를 뭐라고 정의할 수 있나요?

누구에게나, 언제나 참인 게 있을까요?

"나는 버섯 먹는 걸 좋아해요!" 이 진술은 내게 참이에요. 여러분에게도 참인가요?

내 친구 캐서린에게는 참이 아니에요. 캐서린은 버섯을 먹지 못하는 것은 물론 냄새도 참지 못해요. 사람들은 모두 다르고 입맛도 제각각이지요. 모두가 똑같을 것이라고 기대할 수는 없어요.

다시 돌아와, "나는 버섯 먹는 것을 좋아해요."라는 문장에서 '나' 대신 내 이름을 넣어 볼게요. "샤론 케이는 버섯 먹는 것을 좋아해요." 이렇게 말이지요. 이 진술은 나와 캐서린 모두에게 참이 돼요. 내 친구 캐서린은 샤론 케이 즉 내가 버섯을 좋아한다는 사실을 참으로 여길 테니까요.

우리는 이처럼 모든 사람에게 진리가 되도록 진술을 바꿀 수 있을까요?

20세기 미국 철학자 **리처드 로티**는 언제 어디서나, 누구나 마땅하다고 받아들일 수 있는 진리란 없다고 했어요. 그러고는 진리가 우리가 살고 있는 공동체 사회에 적합한지 아닌지 따져야 한다고 했어요. 사회마다 그 진리가 적합한지 다른 판단을 내릴 수 있으니까요.

20세기 미국 철학자 **토머스 쿤**은 시대마다 **패러다임**이 다르다고 말했어요. 예를 들어, 현미경이 발명되기 전에 살던 중세 시대 사람들은 악령이 질병을 일으킨다고 생각했어요. 중세의 패러다임에서는 현미경을 통해서만 볼 수 있는 세균을 생각할 수 없었기 때문이에요. 현미경이 발명됨으로써 새로운 패러다임이 생겼지요. 이 역시 언젠가는 새로운 패러다임으로 바뀔 거예요.

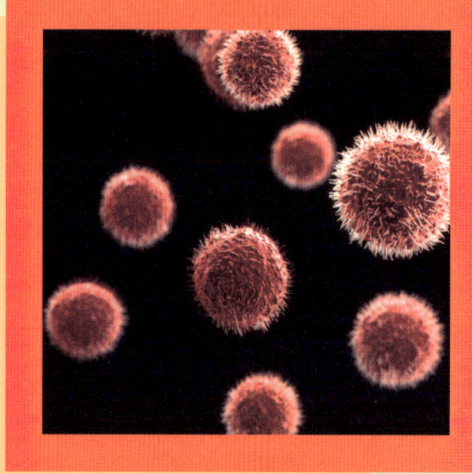

20세기 미국 철학자 **힐러리 퍼트넘**은 서로 다른 공동체 사회, 패러다임, 문화에서 저마다 다른 것을 말할지라도 실은 같은 것을 뜻할 수 있다고 했어요. 예를 들어, 우리가 살고 있는 지구와 똑같은 쌍둥이 지구가 있다고 해 봅시다. 물의 분자 구조는 H_2O로 이루어져 있어요. 하지만 쌍둥이 지구에서는 XYZ로 이루어져 있다고 말하지요. H_2O와 XYZ는 다르지만 둘 다 갈증을 해소하는 액체인 물을 의미한다는 점에서 같은 것을 말하고 있어요.

고대 이집트 철학자 **플로티누스**는 진리는 **보편적**이라고 주장했어요. 그는 진리의 세계를 '하나'라 불렀어요. 모든 존재는 세상 모든 것을 초월하는 하나의 존재가 흘러넘쳐 만들어졌다고 했지요. 플로티누스는 '하나'를 신과 같은 존재라 생각했어요.

20세기 미국 인류학자인 **루스 베네딕트**는 역사적으로 모든 사람에게 적용되는 보편적인 진리는 없다고 보았어요. 예를 들어, 콰키우틀 아메리카 원주민 문화에서 가족 중 한 명을 죽이는 건 가족 전체를 공격한다는 의미로 받아들여져요. 그래서 이 부족 문화에서는 이런 일을 당한 가족이 다른 가족 중 죄 없는 한 사람을 골라 죽이는 게 마땅하고 올바른 행동이에요. 우리 문화에 속한 사람 대부분은 잘못된 행동이라고 말할 거예요. 왜냐하면 "살인은 나쁘다"라는 원칙 또는 신념이 있기 때문이에요. 하지만 살인에 관한 이 원칙은 콰키우틀 부족에게는 참이 아니었던 거예요. 베네딕트는 각각의 문화가 옳은지 그른지 판단할 수 있는 높은 수준의 진리는 존재하지 않는다고 했어요.

생각해 봅시다!

'보편적 진리'는 언제 어디서나, 누구에게나 적용될 수 있음을 의미해요.

'살인은 나쁘다'라는 진술은 우리에게 보편적 진리예요. 하지만 콰키우틀 원주민 문화에서는 받아들여지지 않았지요.

여러분은 보편적 진리가 없다고 생각하나요? 왜 그렇게 생각하나요? 혹은 왜 그렇지 않다고 생각하나요?

컴퓨터도 생각할 수 있을까요?

러분이 어느 정도 이 책을 읽었으니 사실은 내가 인간이 아니라는 점을 밝혀야 할 것 같군요. 사실 나는 컴퓨터예요. 그래요. 이 책은 인공지능이 썼어요.

내 말을 믿을 수 없다고요? 왜요? 컴퓨터는 차를 운전하고 암을 진단할 뿐 아니라 온갖 다양한 분야에서 가장 똑똑한 사람들을 이길 수 있어요. 그런데 책을 쓰는 건 왜 안 될까요? 나는 철학에 관한 다양한 자료를 살펴본 다음 여러분이 잘 읽을 수 있게 요약하고 알고리즘을 적용하기만 하면 되는걸요.

"책을 쓰려면 생각할 수 있어야 해요!" 여러분이 이렇게 말할지도 몰라요.

꼭 생각할 필요가 있을까요? 마치 내가 생각하는 것처럼 보인다면 그 누구도 나와 컴퓨터의 차이점을 모를 거예요. 그렇죠?

오늘날 영국 물리학자 **데이비드 도이치**는 어떤 것을 똑똑하게 만드는 건 **창의성**이라고 주장했어요. 충분한 시간이 지나면서 컴퓨터는 뇌가 수행하는 수많은 일들을 따라 할 수 있게 됐어요. 인간의 창의성을 모방할 수 있다면 컴퓨터도 생각할 수 있게 될 거예요.

오늘날 미국 철학자 **수잔 슈나이더**는 우리 스스로 컴퓨터로 변신하여 실제로 생각하는 컴퓨터를 만들 수 있을 것이라고 말해요. 우리 뇌에 들어 있는 내용을 컴퓨터에 업로드하거나 뇌 일부를 서서히 컴퓨터 부품으로 바꾸면 그렇게 될 수 있어요. 그러면 우리는 훨씬 더 빨리 문제를 풀 수 있을 거예요.

오늘날 스웨덴 철학자 **닉 보스트롬**에 따르면 인간은 머지 않아 인간의 지능을 초월한 초지능 기계를 만들어 낼 거예요. 지구 온난화를 멈추도록 설계된 로봇을 상상해 봅시다. 이 로봇은 인류가 지구 온난화의 주범이라는 사실을 밝혀내겠지요. 그러나 감정이나 **도덕성**이 없으므로 지구 온난화 문제를 해결하려고 무조건 인간을 죽이려 들 거예요. 보스트롬은 인간이 초지능 기계를 통제할 수 없을지도 모른다고 말해요.

우리가 확실히 아는 것이 있을까요?

20세기 영국 철학자 **앨런 튜링**은 컴퓨터도 생각할 수 있다는 주장을 입증하는 실험을 했어요. 방이 세 개 있는데, 첫 번째 방에는 문자 메시지로 온 질문에 답하도록 프로그래밍 된 컴퓨터가 있어요. 두 번째 방에는 스마트폰을 가진 여성이 한 명 있어요. 세 번째 방에는 스마트폰을 가진 남성이 한 명 있어요. 이 남성은 다른 방에 있는 컴퓨터와 여성에게 문자 메시지를 보내요. 이제 남성은 여성과 컴퓨터로부터 온 답장을 보고, 어느 쪽이 컴퓨터인지 판별해야 해요. 만약 남성이 컴퓨터를 인간으로 착각했다면, 컴퓨터는 이 실험에 통과한 것이 돼요. 튜링은 자신의 이름을 따서 '튜링 실험'이라 불렀어요. 이 실험을 통해 그는 컴퓨터도 인간처럼 생각할 수 있는 능력이 있다는 결론을 내렸어요.

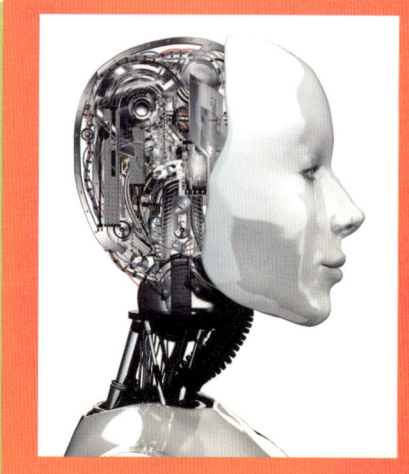

오늘날 미국 철학자인 **존 설**은 컴퓨터가 튜링 실험을 통과하더라도, 그것으로 컴퓨터가 생각할 수 있다는 것을 입증할 수는 없다고 주장해요. 그는 다른 실험을 예로 들었어요. 방에 한 남성이 앉아 있어요. 한 여성이 방 밖에서 구멍을 통해 남성에게 중국어 질문이 적힌 카드들을 보내요. 남성은 각 카드에 중국어로 답을 적어 다시 여성에게 돌려보내야 해요. 하지만 남성은 중국어를 아예 모르기 때문에 질문을 이해하고 답을 하려면 사전을 찾아봐야 해요. 만약 남성이 빠르고 정확하게 답을 보낸다면 여성은 남성이 중국어를 안다고 생각할 거예요. 하지만 남성은 중국어를 몰라요. 존 설에 따르면 남성은 컴퓨터와 똑같아요. 남성은 카드 속 질문의 의미를 이해하지 못한 채 올바른 답을 하도록 훈련 받은 거예요. 우리는 그 행위를 생각한다고 말할 수 없어요.

생각해 봅시다!

1. 창의성이란 새로운 것을 생각해 내는 능력이라고 말할 수 있어요. 여러분은 컴퓨터가 창의성이 있도록 프로그래밍 할 수 있다고 생각하나요? 왜 그렇게 생각하나요? 혹은 왜 그렇지 않다고 생각하나요?

2. 도덕성은 옳고 그른 게 무엇인지 아는 것이라고 말할 수 있어요. 여러분은 컴퓨터가 도덕성이 있도록 프로그래밍 할 수 있다고 생각하나요? 왜 그렇게 생각하나요? 혹은 왜 그렇지 않다고 생각하나요?

3. 이해는 어떤 상황에서 내리는 개인적인 판단이라고 말할 수 있어요. 여러분은 컴퓨터가 이해력이 있도록 프로그래밍 할 수 있다고 생각하나요? 왜 그렇게 생각하나요? 혹은 왜 그렇지 않다고 생각하나요?

믿음이란 무엇일까요?

 구나 과학이 지식에 대한 엄격한 기준이 될 거라고 생각해요. 그렇다면 지식이 우리 삶에는 어떻게 적용될까요? 우리는 친구들에게 격려가 필요할 때 이렇게 말해요. "난 네가 할 수 있다는 걸 알아!"

이 진술은 무엇을 의미할까요? 엄밀하게 말하자면 이 말은 거짓이에요. 친구들이 그것을 할 수 있는지 우리는 잘 모르니까요. (그뿐만 아니라 우리는 친구들이 결국 해내지 못하리라는 사실을 알게 되기도 해요.) 하지만 이 진술은 사실을 말하고 있기도 해요. 우리가 친구들을 믿는다는 것, 다른 말로 하면 믿음을 보여 주고 있어요.

믿음은 무엇일까요? 철학자들은 믿음이 추측이나 희망, 예언과는 다르다는 주장에는 동의하지만 믿음이 무엇인지, 믿음을 앎의 방법으로 여길 수 있는지에 대해서는 의견이 엇갈린답니다.

11세기 페르시아의 철학자 **알 가잘리**는 참된 믿음은 신이 드러내는 특별한 지식이라고 주장했어요. 모든 인간에게 이성은 최고의 정신적 힘이에요. 그런데 신은 예언자와 종교 지도자에게 이성보다 더 뛰어난 정신적 힘을 주었어요. 그들은 이 힘으로 종교적 진리가 확실하다는 것을 보여 줄 수 있었지요. 알 가잘리는 믿음이란 우리가 기꺼이 받아들여야 하는 신성한 선물이라고 주장했어요.

20세기 뉴질랜드 철학자 **아네트 바이어**는 종교 영역 밖에서 믿음에 대한 다른 시각을 제시했어요. 믿음은 입증되지 않은 사실을 받아들이는 것을 말해요. 하지만 믿음 자체는 가능성에 불과한 것들이 실제로 이루어질 수 있다는 증거이기도 해요. 예를 들어, 우리가 사는 곳이 좋은 사람들의 공동체가 되려면 그에 대한 믿음이 있어야 해요.

오늘날 미국 심리학자 **스티븐 핑커**에 따르면 좋은 공동체는 믿음이 아닌 이성에 의해 만들어져요. 믿음과 달리 이성은 보편성을 특징으로 해요. 여러분이 가족에게 친절해야 한다는 사실을 이성을 통해 알게 됐다고 합시다. 이성을 통해서 깨달은 그 사실은 이웃과 우리가 사는 도시는 물론 모든 일반 사람들에게도 적용될 수 있어요.

오늘날 아일랜드 수학자 **존 레녹스**는 믿음은 과학 집단과 종교 집단의 시작점이라고 믿었어요. 종교가 증명되지 않은 신을 믿는 것에서 시작되듯이 과학은 우주를 이해할 수 있다는 증명되지 않은 믿음에서 시작돼요. 과학은 철저한 생각과 연구를 통해 그 믿음을 확장해 나가지요. 종교도 마찬가지예요. 레녹스의 시각에서 둘은 굉장히 비슷해요. 예를 들어, 아이작 뉴턴은 신이 존재한다는 믿음이 확고했어요. 뉴턴은 운동 법칙과 만유인력의 법칙을 발견했을 때조차 이 믿음을 단념하기는커녕 "신이 우주를 이런 식으로 만들다니 얼마나 놀랍습니까!"라고 외쳤어요.

20세기 미국 기자 **크리스토퍼 히친스**는 믿음은 건강하지 못한 것이라고 주장했어요. 히친스는 우리가 믿음 없이 살아가야 한다고 말했어요. 믿음은 과학적 추측과 달라요. 과학적 추측은 의문을 제기하고 시험을 거쳐요. 시험을 통과하지 못한 추측은 거부되어야 하고 바뀌어야 하지요. 믿음은 반대예요. 믿음이란 무슨 일이 있어도 마음을 바꾸지 않는 것을 의미해요. 히친스는 이런 태도는 위험하다고 했어요. 역사적으로 악한 지도자들은 충직한 사람들을 이용해 왔어요. 히친스는 믿음에 대한 지침을 제안했어요. "증거 없이 주장하는 것은 증거 없이 묵살할 수 있다." 이것을 '히친스의 면도날'이라고 해요.

생각해 봅시다!

여러분이 별 근거 없이 믿는 것들의 목록을 만들어 봅시다. 그리고 이성에 의해 믿는 것들의 목록을 만들어 봐요. 어느 쪽이 더 확실하다고 생각하세요? 어느 쪽이 더 중요하다고 생각하세요? 그렇게 생각하는 이유는 무엇인가요?

여러분은 믿음과 이성이 이 세상에서 어떤 역할을 해야 한다고 생각하나요?

4장

윤리학에 관한 질문들:
어떻게 해야 인생을 잘 살아갈 수 있을까요?

소크라테스가 실재와 지식의 본질에 관한 어려운 질문을 던진 이유는 진리를 찾아내기 위함이었어요. 그가 진리를 찾아내려고 한 이유는 좋은 삶을 살기 위해서였지요. 철학자들이 지혜를 구하는 것도 살아가는 동안 우리에게 주어진 시간을 최대한 활용하고 싶기 때문이에요. 생각해 보세요. 여러분이 80년 정도 산다고 해 봅시다. 그 시간은 크게 보면 그리 길지 않아요. 여러분은 그 시간 동안 뭘 할 건가요? 다음 질문은 우리 한 사람 한 사람이 마주한 가장 어려운 질문이 될 거예요. 좋은 삶을 산다는 것은 인간에게 무슨 의미일까요?

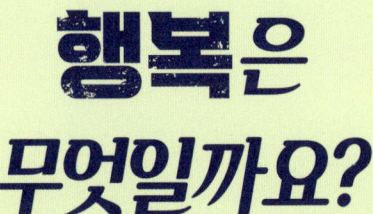

행복은 무엇일까요?

하합니다! 여러분은 경험 기계를 쓸 수 있는 행운의 주인공으로 당첨됐어요! 이 최첨단 기계는 여러분을 행복하게 해 주도록 설계되었어요. 롤러코스터 타기, 연예인 만나기, 대회에서 상 타기, 아이스크림 먹기, 친구들이랑 여기저기 놀러 다니기 등 여러분이 가장 좋아하는 것들을 적어 보세요. 여러분이 적은 것들은 물론 더 큰 즐거움을 줄 수 있는 새로운 경험들을 이 기계에 프로그래밍 할 거예요. 이것만 있으면 여러분은 학교에 갈 필요도 없고, 공부를 할 필요도 없어요. 내키지 않는 건 아무것도 할 필요가 없죠.

여러분은 완벽히 행복할 거예요. 이제 접속할 준비가 됐나요?

경험 기계라는 사고 실험을 떠올린 사람은 20세기 미국 철학자 **로버트 노직**이에요. 그럼에도 그는 "기계에 접속하지 마세요!"라고 말했어요. 행복은 기쁨이나 즐거움이 아니라고 보았기 때문이에요. 인간은 가만히 있는 바보가 아닌 성공한 사람이 되고 싶어 하지요. 누구든 할 수 있다고 정한 한계를 넘어섰을 때 행복은 찾아와요.

19세기 영국 철학자 **제러미 벤담**이라면 "기계에 접속하세요!"라고 말할 거예요. 벤담이 말하는 행복은 즐거움이에요. 벤담은 즐거움을 계산하는 일곱 가지 방법을 다음과 같이 제시했어요. 즐거움이 얼마나 강한가? 즐거움이 얼마나 오래 계속되는가? 즐거울 것이라고 얼마나 확신할 수 있는가? 즐거움이 얼마나 빨리 느껴지는가? 고통이 없는가? 얼마나 많은 사람들에게 영향을 주는가?

1세기 철학자 **에픽테투스**에 따르면 도덕적으로 사는 사람이 행복한 삶을 누릴 수 있다고 해요. 도덕적으로 사는 사람이란 인내하고, 배려하고, 상냥하고, 공정하고, 자기 관리를 철저히 하고, 너그럽고, 조용하고, 느긋하고, 용감한 사람들을 말해요. 경험 기계는 이들에게 도움을 줄 수도 있겠지만 그렇지 못할 수도 있어요. 에픽테투스라면 아마 이렇게 말했을 거예요. "기계에 접속하지 마세요."

오늘날 미국 철학자 **마사 누스바움**은 우리가 살아가면서 단순한 즐거움 이상의 것을 찾아야 한다고 주장해요. 적극적이고 가치 있는 인생을 살다 보면 진정한 행복이 꽃처럼 피어나요. 세상에는 가치 있는 일들이 굉장히 많아요. 예를 들어, 여러분은 곤경에 처한 사람을 돕는 소방관이 되거나, 선생님처럼 사람들을 가르치는 직업을 택할 수도 있고, 대통령처럼 나라를 이끌어 가는 일을 할 수도 있어요. 사랑과 우정을 필요로 하는 인간관계를 쌓아 가기 위해 노력할 수도 있어요. 이러한 행위를 특별히 가치 있게 만들어 주는 것은 '자아 성찰'이에요. 자아 성찰은 자신이 무슨 일을 하는지, 왜 그 일을 하는지 생각해 보는 걸 의미해요. 당장은 이 모든 활동이 여러분에게 즐거움을 주지 않을지도 몰라요. 하지만 미래에는 분명히 다를 거예요.

'석가모니'라는 이름으로 널리 알려진 고대 인도 철학자 **고타마 싯다르타**는 행복은 고통의 원인을 이해하는 데에서 출발한다고 믿었어요. 부유한 왕가에서 자란 싯다르타는 어느 날 늙고 병들어 죽어 가는 사람들을 보았어요. 이런 충격적인 경험을 통해 이 세상 모든 즐거움이 일시적이며 무의미하다는 걸 깨달았어요. 고통은 이렇게 무의미한 것들에 집착하는 마음에서 와요. 고통스러운 마음은 지혜와 도덕을 익힘으로써 극복할 수 있으며, 그러기 위해서는 날마다 명상을 해야 해요. 명상으로 평화로운 마음 상태를 유지하고 현재의 삶에 충실하는 법을 배워야 해요. 평생에 걸쳐 이러한 훈련에 집중하다 보면 최고의 행복에 이를 수 있어요. 이러한 마음 상태를 '열반'이라고 해요.

생각해 봅시다!

평생 동안 가장 행복했던 순간을 다섯 가지만 뽑아 적어 봅시다. 아마 쉽지 않을 거예요. 그리고 여러분이 선택한 결과를 보고 스스로 놀라게 될지도 몰라요. 여러분이 목이 빠지게 기다렸던 방학은 목록에 없을지도 몰라요. 대신 누가 깨우지 않았는데도 우연히 일찍 일어나서 해가 뜨는 모습을 본 어느 조용한 아침을 적었을 수도 있어요. 여러분 생각에 행복은 즐거움과 똑같은가요? 여러분은 행복이 무엇이라고 생각하나요?

어떻게 해야 인생을 잘 살아갈 수 있을까요?

이성과 감정 중에 무엇이 더 중요할까요?

리는 살아가면서 이성과 감정 둘 다 사용해요. 학교 수학 시간에는 이성을 사용하지요. 하지만 방과 후에는 좀 더 감정적으로 변해요. 그런데 만약 이성과 감정이 충돌한다면 여러분은 어떤 걸 선택할 건가요? 예를 들어, 민재는 우연히 어느 인터넷 사이트에서 축구공을 파는 것을 보았어요. 민재가 아주 좋아하는 축구 선수의 사인이 담긴 축구공이었어요. 그런데 축구공 가격은 민재의 한 달 용돈과 맞먹어요. 공을 사고 나면 한 달 동안 학교를 걸어 다녀야 하고 간식도 사 먹을 수 없어요. 그래도 지금 당장 그 축구공을 사서 친구들에게 자랑하고 싶어요. 민재의 머리는 몇 달 동안 용돈을 아껴서 축구공을 사라고 해요. 하지만 가슴은 지금 사는 게 기쁨도 훨씬 클 거라고 말해요. 여러분이라면 어떻게 할 건가요?

1세기 로마 시대 철학자 **세네카**는 <u>스토아학파</u>라는 철학의 한 갈래를 대표하는 사람이에요. 스토아학파에 따르면 감정은 일종의 병이기 때문에 우리 삶에서 감정을 없애야 해요. 누군가 여러분의 스케이트보드를 부숴 버렸다고 생각해 봐요. 여러분이 화를 내는 게 과연 도움이 될까요? 세네카는 그렇지 않다고 말했어요. 가장 좋은 대응 방식은 문제를 골똘히 생각해 보고 같은 일이 다시 생기지 않도록 예방하는 것이에요.

오늘날 미국 철학자 **제스 프린즈**는 스토아학파와 반대되는 주장을 해요. 그는 감정이 인간에게 꼭 필요한 것이라고 말해요. 인간의 도덕은 감정에 기반하기 때문이지요. 사람에게 분노가 없다면 우리는 어떤 행동이 나쁘다고 판단할 수 없어요. 반대로 기쁨이 없다면 어떤 행동이 올바르다고 판단할 수 없지요. 감정은 우리가 세계를 판단하는 근거라고 할 수 있어요.

오늘날 미국 철학자인 **제니퍼 로빈슨**은 인생에서 감정과 이성은 함께 작용한다고 보았어요. 그러면서 예술 작품을 감상할 때를 예로 들었어요. 만약 어떤 그림을 보고 슬픔을 느꼈다고 해 봅시다. 이때의 슬픔은 순간적인 느낌이나 반응과는 달라요. 그림 속 상황에 감정이입 되어 어떠한 생각에 이르는 연속적인 과정이라 볼 수 있지요.

어떻게 해야 인생을 잘 살아갈 수 있을까요?

고대 그리스 철학자 **소크라테스**는 이성이 감정보다 중요하다고 생각했어요. 맨 처음 철학이라는 말을 사용한 사람이 소크라테스라는 사실을 떠올려 보세요. 그는 아테네를 돌아다니며 사람들에게 스스로의 삶을 잘 점검해 보라고 말했어요. 소크라테스는

사형 선고를 받자 조용히 자신의 운명을 받아들였어요. 오른쪽 그림은 소크라테스가 처형되는 순간을 보여 주는 유명한 작품을 간략하게 그린 것이에요. 그림 속에서 간수가 안타까워하면서 소크라테스에게 독미나리 즙이 든 잔을 내밀고 있어요. 소크라테스 주위에 모인 친구들은 충격을 받거나 두려움에 휩싸인 모습이에요. 비탄에 빠졌거나 분노한 사람도 보여요. 그런데 소크라테스의 모습은 어떤가요? 정작 그는 아무렇지도 않아 보여요. 오히려 자신의 죽음에 왜 화를 낼 필요가 없는지 설명하는 것 같아요. 소크라테스의 죽음 후 세워진 아카데미아에서는 감정을 무시하라고 가르치지는 않았어요. 하지만 분야에 관계없이 성공하려면 합리적으로 추론하는 능력이 중요하다고 가르쳤지요.

19세기 철학자 **프리드리히 니체**는 이성이 감정보다 중요하다는 소크라테스의 의견에 반대했어요. 니체는 고대 그리스의 종교가 그랬듯이 이성과 감정이 균형을 이루어야 한다고 생각했어요. 니체는 사회가 이성에 지나치게 의존하기 때문에 고통을 겪고 있다고 생각했어요. 사람들은 감정적인 상태를 싫어해요. 감정적이라는 것을 제멋대로 군다거나 약간 미쳤다는 뜻처럼 받아들이기도 하니까요. 하지만 온갖 느낌을 경험할 수 없다면 인생은 따분하고 지루할 거예요. 실제로 니체는 사람들에게 매일 밤 숲을 뛰어다니며 마음속에 있는 야성적인 면을 떠올려 보라고 권했어요. 사람들은 감정을 통해 도전을 극복하고 대담한 새로운 존재가 될 수 있는 힘을 얻어요. 니체는 이런 새로운 인간을 초인이라고 불렀어요.

생각해 봅시다!

하루를 금욕주의자처럼 살아 봅시다. 어떤 감정이 들 때마다 이성을 사용하여 마음을 중립적인 상태로 만들어 보세요. 자, 금욕주의자가 되어 보니 어떤 생각이 드나요? 이번에는 반대로 하루를 초인처럼 살아 봅시다. 여러분에게 분노와 두려움, 혐오감, 기쁨, 슬픔, 놀라움, 증오 같은 감정을 일으키는 행동을 과감하게 해 보세요. 초인이 되어 보니 어떤 생각이 드나요? 혹시 금욕주의자나 초인이 되는 것보다는 중간 어디쯤 있고 싶은가요? 둘 다 되는 건 가능하지만 다른 시대나 다른 장소여야 할까요?

거짓말은 항상 나쁜 것일까요?

어느 날 친구가 새 스웨터를 입고 학교에 왔다고 상상해 봅시다. 그 스웨터는 보기 싫은 초록색이고 보풀로 뒤덮여 있어요. 게다가 팔 부분은 주황색이군요. 여러분은 스웨터가 전혀 마음에 들지 않아요. 그런데 친구가 새 스웨터가 어떠냐고 물어 보네요. 자, 뭐라고 대답할 건가요?

여러분은 친구에게 거짓말하는 건 괜찮으니까 스웨터가 멋지다고 말해도 된다고 생각하나요? 만약 여러분이 한 거짓말로 친구의 기분이 좋아지고 친구에게 더욱 자신감이 생긴다면 어떨까요? 만약 거짓말에 신이 난 친구가 나가서 초록색과 주황색이 섞인, 더 우스꽝스러운 스웨터를 잔뜩 산다고 하면 어떨까요? 거짓말을 하는 건 괜찮을까요?

넬 나딩스는 '배려'의 의미를 깊이 고민한 오늘날 미국 철학자예요. 나딩스의 입장에 따르면 거짓말을 해도 되는지 아닌지 도덕적 판단을 내릴 때, 의무감보다는 관계에 주목해 배려의 감정을 중심으로 생각해 봐야 해요. 나딩스는 다른 사람의 마음을 공감하고 관계를 중시하는 윤리를 가리켜 '배려 윤리'라고 했어요.

오늘날 스코틀랜드 철학자 **앨러스데어 매킨타이어**는 도덕성은 좋은 습관이 있어야 갖추어진다는 주장을 지지해요. 만약 여러분이 거짓말을 한 번 하고 나면 다시 거짓말을 하는 게 훨씬 쉬울 거예요. 여러분도 모르는 사이에 거짓말 하는 게 습관이 되는 거예요. 거짓말쟁이가 되고 싶은 사람은 없을 테니까 우리는 항상 정직하려고 노력해야 해요.

고대 중국 철학자 **양주**는 개인의 삶이 소중하다는 것을 일깨운 사람으로, 짧은 인생을 어떻게 하면 인간답게 살 수 있을지 고민했어요. 그러려면 나 자신을 보호하면서도 다른 사람에게 해를 끼치지 않아야 한다고 했어요. 이 입장에 따르면, 거짓말은 자신에게 해가 되는 상황을 피해야 하는 경우에만 허용돼요.

18세기 독일 철학자 **임마누엘 칸트**는 도덕성은 양심에서 비롯된다는 입장이었어요. 양심은 뭔가 옳거나 그른 일을 할 때 내면에서 우러나오는 목소리예요. 칸트는 철학사에 이런 유명한 말을 남겼어요. "깊이 생각할수록, 오래 생각할수록 우리 마음이 감탄과 경외로 채워지는 두 가지가 있으니, 하나는 내 위에서 빛나는 별을 보여 주는 하늘이며 다른 하나는 내 마음속의 도덕 법칙이다." 칸트는 양심이 인간의 이성에서 중요한 부분이라고 믿었어요. 양심은 모든 사람이 하기를 바라는 것들을 우리 스스로 해야 한다고 말해요. 우리는 모든 사람이 거짓말을 하기를 바라나요? 칸트는 아니라고 말했어요. 만약 모든 사람이 거짓말을 한다면 대화는 아무런 의미가 없을 거예요. 왜냐하면 사람들이 진심으로 말을 하는지 거짓말을 하는지 결코 알 수 없을 테니까요.

19세기 영국 철학자 **존 스튜어트 밀**은 어떤 행위의 옳고 그름은 그것이 인간의 이익과 행복을 늘리는 데 얼마나 기여하는가에 따라 결정된다는 **공리주의**를 주장했어요. 밀에 따르면 가장 좋은 결과는 '최대 다수의 최대 행복'이에요. 그는 많은 사람들이 행복하면 옳은 일이라는 입장이었어요. 진실을 알면 불행해질 수도 있어요. 여러분은 친구에게 스웨터가 마음에 들지 않는다고 사실대로 말해야 할까요? 진실을 말하면 무엇이 유익하고 거짓말을 하면 어떤 해를 끼치게 될까요? 밀에 따르면 우리는 행동이 어떤 결과를 낳을지 미리 생각해 본 다음 모두에게 좋은 방향으로 행동해야 해요.

생각해 봅시다!

옆집에 사는 꼬마 한결이가 뒤뜰에 요정이 산다고 믿고 있다고 상상해 봅시다. 한결이가 요정에게 메모를 남기면 요정이 답장을 해 줘요. 한결이는 요정을 위해 조그만 집을 지은 다음 집 안을 재미있는 장난감과 맛있는 음식, 보물들로 가득 채웠어요. 그런데 여러분은 우연히 그 요정이 한결이 어머니란 사실을 알게 됐어요. 여러분은 한결이에게 그 사실을 말해야 할까요? 만약 한결이가 여러분에게 요정이 자신의 엄마냐고 묻는다면 어떨까요? 여러분은 거짓말을 해야 할까요?

친구란 무엇일까요?

러분이 나이 많고 현명한 마법사를 만났다고 상상해 봅시다. 마법사는 지난 수백 년 동안 인류가 다음 여섯 가지 업적을 이루고자 노력했다고 말했어요.

· 부 · 건강 · 권력 · 재능 · 명성 · 우정

자, 이제 마법사가 여러분에게 여섯 가지 업적들 중에서 하나의 분야에서만 최고가 되도록 마법을 걸 거예요. 마법에 걸리면 나머지 분야에서는 꼴찌를 하게 돼요. 뛰어난 재능이 있으면 보통 부자가 되거나 유명해지기도 하지만 이 마법은 그것도 허용하지 않아요.

여러분은 무엇을 고를 건가요? 혹시 마법사에게 마법을 걸지 말라고 할 건가요? 마법사는 여러분에게 우정을 택하라고 적극적으로 권해요. 여러분이 어떤 선택을 할지 생각해 봅시다.

16세기 철학자 **미셸 드 몽테뉴**는 진정한 친구와 보통 친구는 다르다고 말했어요. 여러분에게는 보통 친구들이 많을 거예요. 여러분은 보통 친구들과 관계가 좋을 때도 있지만 그렇지 않을 때도 있어요. 반면에 여러분이 항상 좋아하는 진정한 친구의 수는 손가락으로 꼽을 정도로 적어요. 진정한 친구에게는 다른 친구들에게 말해 주지 않는 비밀도 공유할 수 있지요.

오늘날 스위스 출신 영국 철학자 **알랭 드 보통**은 진정한 친구는 여러분의 있는 모습 그대로를 좋아한다고 말해요. 모든 사람에게는 특이한 모습이 있어요. 예를 들어, 사람들 대부분은 거미를 좋아하지 않지만 여러분은 좋아할 수도 있어요. 진정한 친구는 특이한 면을 놀리거나 못 본 체 하기보다는 그런 면 때문에 여러분을 좋아해요. 그런 부분이 여러분을 여러분답게 만드는 것이니까요.

20세기 프랑스 철학자 **시몬 베유**는 진정한 우정은 상대방에게 집중하는 것이라고 믿었어요. 여러분에게 정말 관심이 있는 사람이라면 여러분에게 무슨 말을 할지, 무슨 행동을 할지 고민하지 않아요. 그들은 여러분을 판단하지도 않고, 여러분에게 기대하는 것도 없어요. 그저 여러분이 다가오도록 마음을 활짝 열어 두고 있지요.

고대 그리스 철학자 **에피쿠로스**에 따르면 인생의 목표는 아타락시아, 즉 마음이 평안한 상태를 찾는 것이에요. 에피쿠로스는 우정이야말로 이 목표에 도달하는 가장 좋은 수단이라고 생각했어요. 인생은 마음의 평안을 깨뜨리는 위험으로 가득 차 있어요. 야구 글러브를 빗속에 두고 온 것처럼 작은 위험도 있지만 마약을 복용하는 것처럼 큰 위험도 있어요. 친구는 여러분이 이러한 위험을 피해 평탄하게 살아갈 수 있도록 곁에서 돕는 사람이에요. 더욱 중요한 건 여러분도 친구들을 돕기 위해 거기에 있다는 사실이지요. 에피쿠로스는 친구들을 돕는 것이야말로 인생에서 가장 훌륭한 일이라고 믿었어요. 실제로 에피쿠로스는 정원이 딸린 집을 사서 자신과 함께 살자며 친구들을 초대했어요. 그의 집은 세상의 아무런 방해 없이 함께 먹고 마시며 이야기할 수 있는 공간이었어요.

고대 그리스 철학자 **아리스토텔레스**에 따르면 우정은 인생에서 가장 중요한 것이에요. '세상의 모든 것을 가졌더라도 친구가 없다면 그 누구도 살고 싶지 않을 것이다.' 이는 아리스토텔레스가 쓴 유명한 말이에요. 아리스토텔레스는 우정을 세 가지로 구분했어요. 첫째는 숙제 할 때 도와주는 사람처럼 서로 도움이 되는 사람들과 나누는 우정이에요. 둘째는 방과 후에 같이 노는 친구처럼 같이 있으면 즐거운 사람들과 나누는 우정이지요. 마지막으로 가장 높은 수준의 우정은 여러분이 존경하고 닮고 싶어 하는 사람들과 맺는 우정이에요. 그들은 여러분에게 도움이 되고, 즐거움도 주는 사람일 거예요. 하지만 이 우정이 최고인 이유는 가능한 한 최고가 되도록 서로 격려해 주기 때문이에요. 최고 수준의 우정을 나눌 수 있는 친구를 사귀는 건 또 다른 자아를 창조하는 것만큼 어려운 일이에요. 이런 친구와 함께 있으면 몸은 둘이지만 영혼은 하나처럼 느껴질 거예요.

생각해 봅시다!

친구들의 이름을 적어 봅시다. 그들은 왜 여러분의 친구인가요? 그중 진정한 친구가 있다고 생각하나요? 있다면 왜 진정한 친구라고 생각하나요? 없다면 왜 없다고 생각하나요?

좋은 친구가 되고자 여러분이 하는 일들을 적어 봅시다. 여러분은 친구들에게 도움이 되나요? 친구들에게 정말 관심이 있나요? 친구들의 특이한 면을 인정하고 존중하나요? 지금까지 말한 것 중 한 가지 행동을 했을 때를 말해 봅시다.

여러분은 언젠가 친구들과 높은 수준의 우정을 나누고 싶다고 생각하나요?

어떻게 해야 인생을 잘 살아갈 수 있을까요?

어려운 사람들을 꼭 도와야 할까요?

01 세상에 먹을 것이나 잠잘 곳이 없는 사람들이 있다는 말을 들었을 때 딸의 얼굴 표정을 나는 결코 잊을 수 없을 거예요.

"엄마, 왜 나한테 그런 말을 한 거예요? 그 말을 듣기 전까지는 기분이 좋았단 말이에요."

이제 여러분도 이 얘기를 들었어요. 세상에는 수많은 문제가 있어요. 몇 가지만 얘기해 볼까요? 굶주림, 집 없는 사람들, 환경 오염 같은 문제들이지요. 그리고 여러분 또래가 이런 문제로 고통 받고 있어요.

이것은 여러분의 문제일까요? 물론 여러분 때문에 이런 문제가 생긴 것은 아니에요. 하지만 도울 수 있을지도 몰라요. 지금 당장 할 수 있는 일이 있을까요? 여러분이 어른이 된다면 어떨까요? 여러분은 세상을 변화시킬 만한 계획을 세워야 할까요?

21세기 프랑스 철학자 **에마뉘엘 레비나스**에 따르면 직접적인 만남이 있어야 비로소 다른 사람에 대한 책임감이나 도와야겠다는 의지가 생겨나요. 폭풍우가 몰아치는데 차가 고장 나서 오갈 데 없는 한 가족이 대문을 두드린다면 여러분은 그들을 외면할 건가요? 레비나스는 그렇지 않을 것이라고 말해요.

오늘날 오스트레일리아 출신 철학자 **피터 싱어**는 우리가 한 번도 만난 적 없는 사람들이라도 도와야 한다고 주장해요. 여러분은 도움이 필요한 사람이 있다는 사실을 알고 있어요. 그 사람들을 돕는 행위는 여러분에게 고통을 주지 않아요. 그러므로 여러분은 다른 사람들을 도와야 해요. 모든 사람들이 이렇게 한다면 이 세상에서 고통이 사라질 거예요.

20세기 미국 생태학자 **개릿 하딘**은 사람들을 도우면 문제가 해결되기는커녕 오히려 문제가 더 커진다고 주장했어요. 그의 입장에서 이 문제를 바라본다면 다음과 같아요. 우리가 가난한 사람들을 도우면 그들은 더 많은 아이들을 낳게 될 거예요. 가난한 집 아이들은 다른 아이들보다 더 많은 도움이 필요하겠죠. 이 세상에는 이미 사람이 너무 많아요. 여러분이 정원이 다섯 명인 뗏목에 몸을 실은 채 바다에서 오도 가도 못 하고 있는데 그 뗏목에 열 명을 더 태울 건가요?

어떻게 해야 인생을 잘 살아갈 수 있을까요?

2세기 로마 철학자 **마르쿠스 아우렐리우스**는 세상에 불행한 사람들이 있다면 이들의 불행에 대한 책임이 세상 모든 사람들에게 있다고 주장했어요. 세상은 각각의 조각들로 이루어져 있는 게 아니라 씨실과 날실처럼 단단하게 연결되어 있지요. 그렇게 모든 것이 부분이자 전체가 되고요. 따라서 여러분은 자기 일에 최선을 다하듯 다른 사람을 위해서도 똑같이 최선을 다해야 해요.

19세기 철학자 **쇠렌 키르케고르**는 인생에는 세 단계가 있다고 말했어요. 키르케고르가 '미적 단계'라고 부른 첫 번째 단계는 세상 문제에는 관심이 없고 오로지 즐거움만 누리는 단계예요. '윤리적 단계'라고 부른 두 번째 단계는 다른 사람의 눈에 좋은 사람으로 보이기 위해 이 사회가 원하는 일을 하려고 노력하는 단계예요. 키르케고르가 '종교적 단계'라고 부르는 세 번째 단계가 되면 신을 향한 강한 믿음을 갖기 위해 노력해요. 신은 여러분에게 이 사회가 기대하는 사람이 아닌, 다른 사람이 되라고 영감을 불어넣는 존재예요. 종교적인 선택은 사회의 시선으로 보면 '비윤리적'이거나 잘못된 것처럼 보일 수도 있어요. 하지만 신을 진심으로 사랑하고 신의 명령에 귀기울이는 사람은 좋은 사람 그 이상이 될 수 있어요. 종교적 믿음은 이 세상에 도움이 안 될지도 몰라요. 하지만 키르케고르는 사람은 종교적 믿음을 통해 신과 함께 영생을 얻을 수 있다고 믿었어요.

생각해 봅시다!

이 세상을 위해 여러분이 했던 좋은 행동들을 적어 봅시다. 그중 사람들과 직접적인 만남 때문에 하게 된 행동은 무엇인가요? 또 이 세상 사람들이 걱정되어 한 행동은 무엇인가요? 두 경우 중 언제 더 뿌듯한 마음이 들었나요? 왜 그런 생각이 들었나요?

다른 사람을 도와줌으로써 해결한 문제보다 더 큰 문제가 발생한 적이 있었나요? 있다면 이야기해 봅시다.

여러분은 아주 깊은 종교적인 믿음을 경험한 적 있나요? 경험이 있다면 설명해 봅시다. 여러분은 종교적인 믿음이 사람들을 더욱 윤리적으로 만든다고 생각하나요? 아니면 그 반대라고 생각하나요?

왜 법을 따라야 하나요?

러분이 다른 나라에서 온 사람들 100명과 함께 다른 은하계에 있는 행성으로 가게 되었다고 상상해 봅시다. 그런데 착륙하는 과정에서 타고 온 우주선이 고장 나고 말았어요. 모두가 오도 가도 못 하는 신세가 된 거예요. 우주선에 싣고 온 식량이 시시히 바닥을 드러내자 사람들은 점점 불안해졌어요.

무슨 일이 일어날까요? 사람들은 힘을 합쳐 새로운 삶을 시작할까요? 아니면 물건을 서로 훔치기 위해 싸울까요? 가장 힘 센 사람이 다른 사람들을 통제하려고 할까요? 사람들에게 법과 그 법을 집행할 방법이 필요할까요?

철학자들은 이러한 사고 실험을 통해 법은 무엇인지, 왜 법을 따라야 하는지 혹은 그렇지 않은지 생각했답니다.

19세기 러시아 출신 미국 철학자 **엠마 골드만**은 **무정부주의자**였어요. 국가 권력, 법에 복종하지 않겠다는 입장인 것이지요. 골드만은 가장 힘 센 사람이 나머지 사람들을 지배하는 게 정부가 하는 일이라고 생각했어요. 골드만에 따르면 인류는 정부 없이도 자유롭고 평등한 상태에서 모든 사람이 협력하는 공동체를 만들 수 있어요. 골드만은 이러한 주장을 퍼뜨린 죄로 감옥에 갔어요.

19세기 미국의 철학자이자 시인인 **헨리 데이비드 소로**에 따르면 사람들은 양심이 있기 때문에 좋은 법을 따라요. 만약 정부가 나쁜 법을 통과시킨다면 양심은 우리에게 법을 따르지 말라고 할 거예요. 소로는 이를 '시민 불복종'이라고 불렀어요. 소로는 미국이 노예 제도를 시행하는 법을 통과시키자 모두에게 그 법을 따르지 말라고 했어요.

20세기 영국 철학자 **H. L. A. 하트**는 도덕성과 법 사이에는 아무런 관련이 없다고 주장했어요. 법은 사람들 대부분이 자연스럽게 따르는 규칙에 기초해서 만들어져요. 따라서 여러분은 아마 법을 따르게 될 거예요. 만약 여러분이 법을 따르고 싶지 않다면 법을 바꾸려고 노력하면 돼요. 하지만 법을 바꿀 때에도 따라야 하는 규칙이 있어요!

어떻게 해야 인생을 잘 살아갈 수 있을까요?

고대 중국 철학자 **공자**는 '최고의 정부는 덕과 학식이 높은 지도자가 모범을 보임으로써 질서를 유지한다'고 가르쳤어요. 지도자는 바람과 같고 백성은 풀과 같아요. 바람이 불면 풀은 쉽게 휘어져요. 나라를 잘 다스리기 위해서는 법이 필요할 수도 있어요. 하지만 도덕적인 사람들이 법을 의식하지 않고 자연스럽게 법을 준수한다면 그게 더 바람직할 거예요. 공자는 이렇게 썼어요. "만약 법을 통해 사람들을 인도하고 형벌을 통해 질서를 바로잡으려 한다면 사람들은 형벌을 피하려 애쓸 뿐 부끄러움을 모르게 된다. 반면에 덕으로써 사람들을 인도하고 예로써 질서를 바로 잡으면 그들은 스스로 부끄러움을 알고 올바르게 행동한다."

20세기 미국 철학자 **존 롤스**에 따르면 모든 게 공정하기를 바라는 건 우리의 자연스런 욕구예요. 그리고 이 욕구를 만족시키려면 법을 지켜야 하지요. 그것이 서로에게 유익할 테니까요. 그런데 법을 지키는 것이 모두에게 유익하려면 법 자체가 공정해야 해요. 롤스는 이것을 확인할 수 있는 실험을 생각해 냈어요. 여러분은 자신이 누구인지 전혀 모른다고 상상해 봅시다. 자신이 한국인인지 아닌지, 남성인지 여성인지, 신을 믿는지 신을 믿지 않는지, 나이가 많은지 적은지 몰라요. 그리고 스스로에게 어떤 특정 집단에 불공평한 법이 좋은 법이라고 생각하는지 물어보세요. 여러분은 아마 좋은 법이라고 생각하지 않을 거예요. 왜냐하면 법이 불공평하게 적용되는 그 집단에 여러분이 속해 있을지도 모르니까요.

외부인 출입 금지
이곳은 사유지입니다.

생각해 봅시다!

여러분이 법을 어겼을 때를 생각해 봅시다. 신호등이 빨간 불인데도 자전거를 타고 지나갔거나 목줄을 매지 않은 개를 산책시켰을 수도 있고, 낚시를 하면 안 되는 곳에서 낚시를 했을 수도 있어요. 개인 땅인데 무단 침입을 했을지도 모르고 보도에서 전동 킥보드를 타거나 길에 쓰레기를 버렸을 수도 있어요. 여러분은 법에 대해 몰랐기 때문에 그런 행동을 한 것일까요? 아니면 법이 나쁘다고 생각했기 때문인가요? 혹은 어떠한 법도 믿지 않기 때문에 그런 행동을 했나요? 설명해 봅시다.

폭력은 정당화 될 수 있을까요?

1941년 12월 일본군은 하와이에 있는 미군 기지에 폭탄을 떨어뜨렸어요. 미국인 2,400여 명이 목숨을 잃었지요. 그 다음 날 미국은 일본에 전쟁을 선포했고, 몇 년 동안 미군 40여만 명이 죽었어요. 1945년 8월 미국은 일본의 두 도시에 핵폭탄을 떨어뜨렸어요. 20여만 명이 죽었고, 6일 후 일본이 항복을 선언하며 전쟁은 막을 내렸어요.

여러분은 일본이 미군 기지에 폭탄을 떨어뜨린 행동이 잘못이라고 생각하나요? 이 질문에 대답하려면 일본이 왜 그랬는지 그 이유를 알아야 할까요? 미국이 일본에 핵폭탄을 떨어뜨린 사실을 어떻게 생각하나요? 여러분은 미국의 선택이 옳았다고 생각하나요?

철학자들은 이런 질문과 전반적인 폭력에 대해 저마다 굉장히 다른 입장을 취하고 있어요.

고대 인도 철학자 **마하비라**는 극단적인 **평화주의자**였어요. 어떤 생물에게도 해를 끼치면 안 된다고 믿었지요. 그는 당근 같은 뿌리식물을 먹는 것마저 금지할 정도로 엄격한 채식 식단을 따랐어요. 뿌리식물도 살아 있는 생물이기 때문이에요. 마하비라는 방어를 위해 폭력을 써야 할 때도 있지만 가능하면 피해야 한다고 생각했어요.

20세기 독일 물리학자 **알베르트 아인슈타인** 역시 평화주의자지만 마하비라만큼 엄격하지는 않았어요. 아인슈타인은 생명을 파괴하려는 적을 막는 유일한 수단이 폭력뿐이라면 어쩔 수 없지만, 그 외에는 폭력을 쓰는 것에 반대했어요. 그러므로 미국이 일본에 핵폭탄을 떨어뜨린 것을 잘못된 결정이라 보았지요. 일본을 막을 다른 방법이 있었기 때문이에요.

오늘날 미국 철학자 **마이클 왈저**는 평화주의를 반대해요. 왈저는 군인들이 적군만 겨냥해 총을 쏜다면 전쟁을 해도 괜찮다고 주장해요. 그럼에도 미국이 일본에 핵폭탄을 떨어뜨린 행동을 잘못된 선택이라 보았어요. 핵폭탄 때문에 군인이 아닌 수많은 시민들이 죽었기 때문이에요.

20세기 미국 철학자이자 목사인 **마틴 루터 킹 주니어**는 갈등이 생겼을 때 비폭력적인 해결책을 주장했어요. 1950년대 미국은 여전히 인종 차별이 심했어요. 앨라배마 주 몽고메리에서 통과된 법안에 따르면 버스에 앉을 자리가 부족할 경우 흑인들은 백인들에게 자리를 양보해야 했어요. 로사 파크스라는 흑인 여성은 이 법을 따르지 않았다는 이유로 체포되었어요. 그러자 마틴 루터 킹은 버스 타는 걸 거부하는 시위를 조직했어요. 로사 파크스 사건은 대법원까지 갔고, 대법원은 흑인을 차별하는 이 법이 위헌이라고 판결했어요. 이 사건을 통해 비폭력 시위가 얼마나 효과적일 수 있는지 입증되었죠. 폭력은 더 큰 폭력으로 이어지지만 비폭력 시위로는 문제를 해결할 수 있어요.

20세기 프랑스 철학자 **시몬 드 보부아르**는 인간이어서 불행한 부분 중 하나가 폭력이라고 주장했어요. 사람들은 자라나는 환경이 다르다 보니 모두 다른 모습으로 성장해요. 그래서 갈등이 생기는 거예요. 보부아르는 특히 남자아이들과 여자아이들 간 차이를 걱정했어요. 보부아르가 살았던 시대에 남자아이들은 거칠고 난폭하게 자라는 반면, 여자아이들은 상냥하고 연약한 모습으로 길러졌어요. 자, 이 시대의 아이들 몇 명이 숲에서 나무판자를 잔뜩 발견했다고 합시다. 남자아이들은 나무 판자로 커다란 모닥불을 피우고 싶어 해요. 하지만 여자아이들은 인형 집을 만들고 싶어 하지요. 남자아이와 여자아이의 전혀 다른 양육 방식은 갈등을 일으켰어요. 만약 남자아이들과 여자아이들이 평등하다면 아이들은 서로 힘을 합칠 수 있을 거예요. '우리 대 상대'가 되는 대신 모두 '우리'가 될 수 있어요. 보부아르는 모두가 똑같이 자유를 누릴 수 있도록 최선을 다해야 한다고 말했어요.

생각해 봅시다!

여러분이 폭력적으로 행동했을 때를 떠올려 봅시다. 어떤 일로 그렇게 행동했나요? 나와 반대편 입장에 대해 설명해 봅시다. 폭력은 어떤 결과로 이어졌나요? 갈등을 해결하는 데 도움이 됐나요? 폭력적인 행동을 할 때 어떤 느낌이 들었나요? 여러분은 다른 식으로 행동했어야 한다고 생각하나요? 만약 그 일을 다시 겪게 된다면 상황을 어떻게 바꾸고 싶은가요? 여러분이 다르게 행동했다면 상황이 어떻게 바뀌었을지 이야기해 봅시다.

인생의 의미는 무엇일까요?

옛날에 시시포스라는 왕이 있었어요. 그런데 그가 신들을 화나게 했지요. 시시포스에게 무거운 바위를 산꼭대기로 밀어 올리는 벌을 내렸어요. 시시포스가 밀어 올린 바위는 산꼭대기에 다다를 즈음이면 아래로 굴러떨어졌어요. 다음 날 시시포스는 또 다시 바위를 밀어 올려야 했어요. 시시포스가 받은 벌은 날마다, 영원히 바위를 굴리는 것이었지요.

여러분도 시시포스처럼 매일매일 똑같은 일이 반복되어 힘들다고 느낀 적이 있나요? 철학자들은 시시포스 신화가 인생을 비유적으로 표현한 것이라고 생각해요.

우리가 성취한 것에는 어떤 의미가 있을까요? 혹은 아무런 의미가 없을까요?

20세기 미국 철학자 **베티 프리던**은 남성이든, 여성이든 창조적인 일을 함으로써 인생에서 의미를 찾는다고 주장했어요. 프리던은 여성으로 하여금 오로지 남편과 자식에서 행복을 찾도록 강요한 전통 사회에 대해 문제를 제기했어요. 프리던은 여성들에게 집 밖으로 나가서 스스로 즐거움을 느끼는 일들을 찾으라고 격려했어요.

20세기 미국 철학자 **라인홀드 니부어**는 모든 인류의 역사는 제한적이고 불완전하다고 믿었어요. 인생의 의미는 오직 영원히 변치 않는 근원으로부터 찾을 수 있다고 했어요. 바로 신이었지요.

19세기 일본 철학자 **니시타니 게이지**는 인생은 덧없는 것이라 여겼어요. 그러나 인생의 의미를 부인하는 허무주의로 치닫기보다는 '참된 나'를 발견함으로써 이를 뛰어넘으려 했어요.

어떻게 해야 인생을 잘 살아갈 수 있을까요? **115**

20세기 알제리 출신 프랑스 철학자인 **알베르 카뮈**는 시시포스 신화가 인생이 얼마나 덧없는지 잘 보여 준다고 했어요. 여러분은 하루하루를 새로운 희망으로 시작해요. 예를 들어, 남들이 아주 재미있다고 하는 영화를 보러 간다고 해 봅시다. 그런데 하루가 끝날 즈음 실망했어요. 영화가 기대만큼 재미있지 않았거든요. 이제 이를 닦고 잠자리에 들 준비를 해야 해요. 다음 날, 여러분은 새로운 희망과 함께 다시 하루를 시작해요. 이번에는 새로운 게임을 해 봐요. 그러다가 잠시 멈추고 여러분이 보내는 하루하루에 대해 생각해요. 뭘 해도 별로 만족스럽지 않아요. 여러분은 과연 뭘 해야 할까요? 그냥 다 포기해야 할까요? 카뮈는 아니라고 말해요. 덧없음이 인생의 일부라는 사실을 깨닫고 받아들여야 해요.

20세기 미국 철학자 **리처드 테일러**는 시시포스 신화를 바라보는 새로운 방식을 생각해 냈어요. 신들이 시시포스에게 매일 새로운 바위를 언덕 위로 굴린 다음 그 바위들로 언덕 꼭대기에 거대한 신전을 짓게 한다고 상상해 봐요. 시시포스는 매일 바위를 하나씩 밀어 올려요. 하루 종일 바위를 옮기면서 이 바위를 어디에 놓을 것인지, 신전이 어떤 모습일지 생각하지요. 그런데 시시포스가 완성한 그 신전은 누가 보기도 전에 허물어져 있어요. 다음 날 시시포스는 다시 새로운 신전을 짓기 시작해요. 결과는 항상 같겠지만 시시포스는 자신의 일을 즐기게 돼요. 이런 즐거움이 있으니 시시포스의 인생은 의미가 있는 걸까요?

생각해 봅시다!

여러분이 의미 없다고 생각하는 행동들을 적어 봅시다. 이번에는 의미 있다고 생각하는 행동들을 적어 봅시다. 두 목록을 비교해 보고 왜 다른지 알아봅시다. 여러분이 적은 행동들이 의미 있는 이유 혹은 의미 없는 이유는 무엇인가요?

- 그 행동을 하면서 즐거웠기 때문인가요?
- 그 행동을 통해서 공을 인정받았기 때문인가요?
- 그 행동을 반복적으로 했기 때문인가요?
- 여러분 스스로 그 행동을 하기로 결정했기 때문인가요? 혹은 다른 사람이 여러분에게 시켰기 때문인가요?
- 그 행동이 창의적이기 때문인가요?

여러분의 인생을 더욱 의미 있게 만드는 것은 무엇인가요?

5장

논리에 대한 질문들:
참인지 거짓인지 어떻게 알까요?

여러분, 나는 대통령직에 출마하기로 결정했어요! 내게 투표하세요! 여러분이 내게 투표해야 할 이유는 다음과 같아요.

1. 평화는 좋은 것입니다.
2. 환경 오염은 나쁜 것입니다.
3. 나는 개를 사랑합니다.
결론 : 여러분은 내게 투표해야 합니다!

    어떻게 생각하세요? 설득력이 있나요? 여러분은 내게 투표할 건가요? 내가 위와 같이 말하면 당선될 것이라고 생각하나요?
    아니라고요? 왜 아니지요? 내가 말한 근거를 누가 반대할 수 있을까요?
    아, 그렇군요. 근거들이 다 좋다고 해서 좋은 논증이 되는 게 아니에요. 좋은 논증은 좋은 근거들과 주장이 논리적으로 연결되어야 해요. 그렇다면 이제 논리학에 대해 알아봐야겠군요.

논증이란 무엇일까요?

학에서 근거로부터 주장을 이끌어 내는 과정을 '논증'이라고 해요. 주장은 여러분이 입증하려고 하는 진술이에요. 근거는 논리적이고 합리적이어야 하고 주장을 뒷받침할 수 있어야 해요. 이 점에서 논증은 설명과 달라요. 둘 다 '왜냐하면'이라는 말을 사용할 수 있지만 두 경우에 '왜냐하면'이라는 말은 다르게 사용되지요. 다음 진술들을 봅시다.

1. 나는 대통령직에 출마할 거예요. '왜냐하면' 나는 서울에 살고 싶기 때문이에요.
2. 여러분은 내게 투표해야 해요. '왜냐하면' 내가 다른 후보들보다 낫기 때문이에요.

진술 1은 설명이에요. 반면에 진술 2에 내가 다른 후보들보다 나은 이유를 추가한다면 진술2를 논증 혹은 적어도 논증의 시작이라고 말할 수 있어요. 논증에는 여러 종류가 있어요.

범주적 삼단 논법은 두 개 이상의 근거와 주장으로 되어 있으며 근거를 토대로 주장을 이끌어 내요. 다음 예시를 살펴봅시다.

1. 도마뱀은 철학자가 아니다.
2. 레오는 도마뱀이다.

그러므로 레오는 철학자가 아니다.

긍정 논법은 '만약~라면, ~하다'로 시작하고, '만약' 다음 부분이 참이라는 것을 보여 줘요. 다음 예시를 살펴봅시다.

1. 만약 철학이 중요하다면, 학교에서 철학을 가르쳐야 한다.
2. 철학은 중요하다.

그러므로 학교에서 철학을 가르쳐야 한다.

부정 논법은 '만약~라면, ~하다'로 시작하고, '~하다' 부분을 부정해요. 다음 예를 살펴봅시다.

1. 만약 크리스토퍼 콜럼버스가 진짜 아메리카를 발견했다면, 그가 도착했을 때 아메리카에 사람이 없었을 것이다.
2. 그가 도착했을 때 아메리카에 사람이 있었다.

그러므로 크리스토퍼 콜럼버스는 진짜 아메리카를 발견한 것이 아니다.

17세기 철학자 **블레즈 파스칼**은 신이 존재한다는 믿음을 논증하는 데 긍정 논법을 사용했어요. 그는 신이 존재하는지 그렇지 않은지를 놓고 내기를 한다면 존재한다는 쪽이 유리하다고 했어요. 만약 신이 존재하지 않는다고 해도 신을 믿는 사람들이 잃을 것은 별로 없지요. 반대로 신을 믿지 않았는데 신이 존재한다면, 지옥불로 떨어지는 등 너무나 큰 것을 잃게 돼요. 그러므로 신의 존재를 믿어야 한다는 것이었어요.

오스트레일리아 철학자 **J. L. 매키**는 부정 논법을 사용하여 신이 존재하지 않는다고 논증했어요. 매키는 세계 3대 종교인 기독교와 유대교, 이슬람교 모두 신을 언제나 선하며 전지전능하다고 여긴다는 사실에 주목했어요. 만약 이 특징들이 하나라도 없다면 신은 각 종교들의 경전에 묘사된 존재가 될 수 없어요. 그런데 선하며 전지전능한 신이라면 우리에게 불필요한 고통을 허락할 리가 없어요. 매키의 논증은 다음과 같아요.

1. 만약 언제나 선하며 전지전능한 신이 존재한다면 불필요한 고통이 존재해서는 안 된다.
2. 불필요한 고통은 존재한다.

그러므로 언제나 선하며 전지전능한 신은 존재하지 않는다.

생각해 봅시다!

아래 부정 논법을 완성해 봅시다.

만약 돼지가 날 수 있다면, 날개가 있을 것이다.
돼지는 날개가 없다.

☐

아래 범주적 삼단 논법을 완성해 봅시다.

모든 한국인은 김치를 좋아한다.
유진이는 한국인이다.

☐

좋은 논증과 나쁜 논증의 차이는 무엇일까요?

은 논증에서 근거가 참이면 주장은 언제나 참이어야 해요. 범주적 삼단 논법에서 도표를 그려서 근거들이 주장을 지지하는지 시험해 볼 수 있어요.

1. 모든 A는 그룹 B 안에 있다.

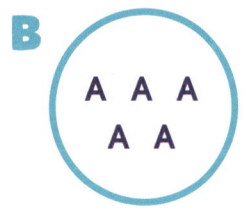

2. 그룹 B는 그룹 C 안에 있다.

3. 그러므로 모든 A는 그룹 C 안에 있다.

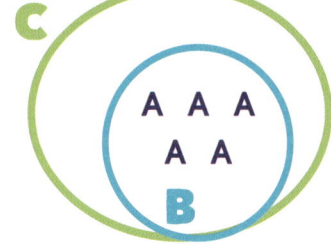

만약 1과 2에 동의한다면 여러분은 주장에 반대할 수 없어요. 이것을 '추론'이라고 해요. 이 밖에도 여러 형태의 삼단 논법이 있어요.

선언적 삼단 논법은 '또는/혹은/…이나'를 사용해요. 예를 들어 볼까요?

1. 수진은 남자이거나 여자이다.
2. 수진은 남자가 아니다.

그러므로 수진은 여자이다.

가언적 삼단 논법에는 주장에 '만약 ~이라면' 같이 조건으로 이루어져 있어요. 예를 들어 볼까요?

1. 만약 공부를 열심히 했다면 시험에 합격했을 것이다.
2. 공부를 열심히 했다.

그러므로 시험에 합격했을 것이다.

통계적 삼단 논법으로 경험을 통한 추측을 할 수 있어요. 예를 들어 볼까요?

1. 어린이 대부분은 트램펄린을 좋아한다.
2. 지오는 어린이이다.

그러므로 지오는 아마 트램펄린을 좋아할 것이다.

고대 페니키아의 철학자 **제논**은 삼단 논법을 즐겨 사용했어요. 제논은 항상 상대에게 자신이 제시한 두 근거에 동의하는지 묻곤 했어요. 사람들은 대부분 동의했어요. 그런데 당연히 옳다고 생각했던 근거들에서 논리적 허점을 발견할 수 있어요. 제논의 역설은 귀류법의 발전으로 이어졌어요. 상대방의 주장을 따라가다 보면 터무니없는 결론에 이른다는 것을 보여 주는 방식이에요. 여기서 터무니없다는 말은 어리석다는 말이 아니라 '불가능'하거나 '모순'이라는 뜻이에요.

17세기 영국 철학자 **프랜시스 베이컨**은 세계에 관련된 추론을 하기 위해 삼단 논법을 사용하는 것에 반대했어요. 대신 그는 보편적인 주장을 지지하기 위해 증거를 모으는 방식인 귀납법을 선호했어요. 다음 예시를 살펴봅시다.

1. 백조 A는 하얗다.
2. 백조 B는 하얗다.
3. 백조 C는 하얗다.
4. 그리고 우리가 찾을 수 있는 수많은 백조 역시 하얗다.

그러므로 아마 모든 백조는 하얄 것이다.

베이컨은 다음과 같이 삼단 논법식 추론을 반대했어요.

1. 삼단 논법은 진술들로 이루어져 있다.
2. 진술들은 단어들로 이루어져 있다.
3. 단어들은 생각을 표현한다.
4. 생각은 분명하지 않다.

그러므로 삼단 논법은 분명하지 않다.

그런데 문제는 이 논증이 삼단 논법이라는 사실이에요. 베이컨은 삼단 논법을 사용하는 것을 반대하기 위해 삼단 논법을 사용하고 있군요!

생각해 봅시다!

아래 논증을 고쳐서 나쁜 논증을 좋은 논증으로 바꿔 봅시다.

나쁜 논증

1. 모든 토끼는 털이 복슬복슬하다.
2. 피터는 토끼이다.

그러므로 피터는 빨리 달린다.

좋은 논증

1. 모든 토끼는 털이 복슬복슬하다.
2. 피터는 토끼이다.

그러므로 피터는 털이 ⬜ .

유추로 무엇을 알 수 있을까요?

추는 같거나 비슷한 것을 보고 다른 것을 추측하는 것을 말해요. 아래 예시를 살펴봅시다.

1. 고양이는 많은 면에서 인간과 비슷하다.
2. 인간은 사랑을 필요로 한다.

그러므로 고양이는 사랑을 필요로 한다.

이것은 귀납식 추론이에요. 우리가 아는 비슷한 점에서 출발해서 또 다른 비슷한 점을 보여 주기 때문이에요. 그런데 진술1, 진술2가 참이라고 해서 주장이 참이 되는 건 아니에요. 유추를 하려면 두 대상간의 유사성을 살펴야 해요.

유사성은 비슷한 성질이라는 뜻이에요. 엄마가 아기와 놀 듯 고양이도 종종 새끼 고양이와 놀아요. 엄마가 사랑하는 아기를 만지듯 엄마 고양이는 새끼 고양이를 만지지요. 즉 사람과 고양이는 유사성이 있어요. 반면에 나무들은 다른 나무와 놀거나 다른 나무를 사랑하지 않아요. 나무는 의도적으로 다른 나무를 만지지 않아요.

유사성이 얼마나 강한가요? 고양이는 주변 환경을 알아요. 그렇다고 사람처럼 자신에 대해 알고 있을까요? 고양이는 거울 속에 비친 자신의 모습을 알아보지 못해요. 고양이보다는 거울 속에 비친 자기 모습을 알아보는 고릴라가 오히려 사람과 훨씬 비슷할 거예요.

유사성이 많거나 다양한가요? 고양이는 사람처럼 새끼들을 보살펴요. 또 사람처럼 장난기도 많아요. 고양이는 항온 동물이에요. 여러분이 생각할 수 있는 사람과 고양이의 비슷한 점은 얼마나 많은가요? 고양이와 사람은 일부 특성만 비슷한가요? 아니면 대부분 비슷한가요?

17세기 신학자 **윌리엄 페일리**는 유추를 통해 신이 존재한다고 주장했어요. 아무도 가지 않는 거친 들판을 걷다가 땅에 떨어진 시계를 발견했다고 생각해 봅시다. 시계는 우연히 생겨난 게 아니에요. 복잡하고 정교한 이 기계를 어떤 지적인 존재가 만든 뒤 그곳에 떨어뜨린 게 틀림없지요. 마찬가지로 우주에서 보면 텅 빈 행성들 사이로 우리가 사는 청록색 지구가 보여요. 다른 우주 공간처럼 지구 역시 저절로 거기에 존재할 수 없어요. 역시 지적인 존재가 설계했다고 볼 수 있겠지요. 페일리의 논증은 다음과 같이 요약할 수 있어요.

1. 거친 들판에 있는 시계는 우주에 있는 이 세계와 같다.
2. 시계는 지적인 존재에 의해 설계된 것이다.

그러므로 이 세계는 지적인 존재에 의해 설계된 것이다.

19세기 생물학자 **찰스 다윈**은 진화 이론을 주장하기 위해 유추를 사용했어요. 여러분이 비둘기 사육사라고 생각해 봅시다. 여러분은 아주 힘이 센 비둘기를 얻고 싶어요. 어떻게 하면 목표를 이룰 수 있을까요? 여러분은 가장 힘이 센 암컷 비둘기와 가장 힘이 센 수컷 비둘기를 교배시킬 거예요. 알에서 새끼 비둘기가 태어나면 여러분은 또 다시 가장 힘이 센 암컷과 수컷을 교배시킬 거예요. 이 과정을 계속 반복할수록 조금씩 더 힘이 센 비둘기가 태어날 거예요. 시간이 지나면 여러분은 아주아주 힘이 센 비둘기를 얻을 수 있어요. 다윈은 자연도 이런 식으로 작동한다는 가설을 세웠어요.

1. 자연은 비둘기 사육사와 같다.
2. 비둘기 사육사는 힘이 센 비둘기들끼리 교배시켜 새로운 특성을 가진 비둘기를 만들어 낸다.

그러므로 자연은 특정 형질을 가진 동물들끼리 교배시킴으로써 새로운 특성을 가진 동물들을 만들어 낸다.

1. 유추를 사용하여 '게임을 하는 것은 예술 작품을 만들어 내는 것과 같아서 나에게 좋다'라고 끝나는 논증을 적어 봅시다.

2. 유추를 사용하여 '게임을 하는 것은 사탕을 먹는 것과 같아서 나에게 나쁘다'라고 끝나는 논증을 적어 봅시다.

3. 유추를 사용하여 '게임을 하는 것은 내가 어느 게임을 할지, 얼마나 많이 게임을 할지가 중요하므로 먹는 것과 같다'라고 끝나는 논증을 적어 봅시다.

4. 유추를 사용하여 비디오 게임에 관한 여러분 각자의 논증을 적어 봅시다.

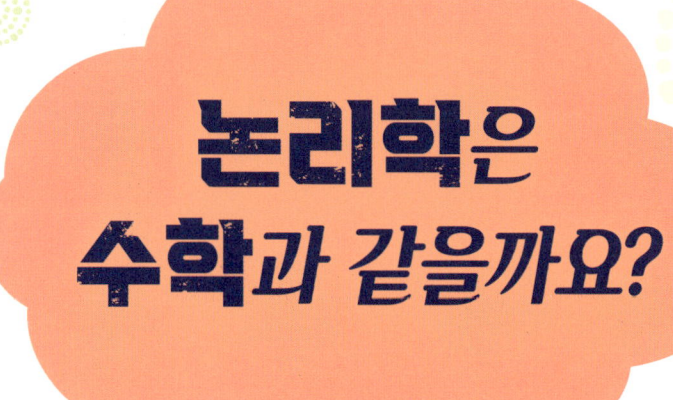

논리학은 수학과 같을까요?

다음 문제를 풀어 봅시다.

1. **새**와 **둥지**의 관계는 _____와 _____의 관계와 같다.

ㄱ) 개 : 목줄
ㄴ) 다람쥐 : 견과류
ㄷ) 벌 : 벌집
ㄹ) 고양이 : 반려 동물용 변기

2. 숫자 **4**와 **2**의 관계는 _____과 _____의 관계와 같다.

ㄱ) 3 : 7
ㄴ) 7 : 3
ㄷ) 20 : 10
ㄹ) 10 : 13

모두 유추에 관한 문제예요. 첫 번째 문제의 답은 (ㄷ)이에요. 새가 둥지를 짓듯이 벌은 벌집을 만들기 때문이에요. 두 번째 문제의 답은 (ㄷ)이에요. 2의 두 배가 4이듯 10의 두 배는 20이기 때문이지요. 첫 번째 문제가 논리와 관련이 있다면 두 번째 문제는 수학과 관련이 있어요. 하지만 두 문제 모두 관계에 대해 묻고 있어요. 그렇다면 논리학은 수학과 똑같을까요?

19세기 독일 철학자 **고틀로프 프레게**는 논리학은 수학과 같다고 주장했어요. 프레게는 우리가 살고 있는 물리적 세계 너머 어딘가에 숫자가 존재한다고 믿었어요. 수를 표현하려고 2, 17, 100 같이 숫자 기호를 사용하듯 물리적 세계에서는 x, y, z 같은 다른 기호를 사용해 사물을 표현하니까요.

20세기 독일 수학자 **다비트 힐베르트**는 프레게의 주장에 반대했어요. 수학은 게임처럼 그 자체로 독립적인 것으로 보았지요. 우리가 체스를 둘 때 체스의 말은 왕이나 여왕을 나타내지요. 하지만 게임 안에서만 왕이나 말을 나타낼 뿐 진짜 사람들을 의미하는 게 아니에요. 숫자도 마찬가지로 물리적 세계 너머에 존재하는 것을 나타내는 게 아니에요.

오늘날 미국 철학자 **샤론 베리**는 논리학과 수학이 같은지 아닌지는 논리학을 어떻게 생각하는지에 달려 있다고 했어요. 만약 논리학을 추론 규칙으로 여긴다면 논리학은 수학과 같아요.

11세기 이탈리아 철학자 **안셀무스**는 신의 존재를 논리적으로 증명하려고 했어요. 그는 최초로 신의 존재를 《성경》의 권위에만 의존하지 않고 인간의 이성으로 증명하고자 했던 거예요. 안셀무스는 신을 '그보다 더 위대한 것을 생각할 수 없는 가장 위대한 존재'라고 정의했어요.

1. 신은 가장 위대한 존재입니다.
2. 신이 존재하지 않는다고 생각해 봅시다.
3. 그렇다면 그것보다 더 위대한 존재가 있다고 상상할 수 있습니다. 하지만 정의에 따르면 그것은 불가능합니다.

그러므로 신은 존재해야 합니다.

11세기 프랑스 철학자 **가우닐로**는 안셀무스의 논증을 패러디해서 비판했어요. 안셀무스의 논리에 따르면 우리가 상상할 수 있는 가장 완벽한 섬도 반드시 존재해야 하는 이상한 결론이 나온다는 것이었어요.

1. 축복받은 섬은 가장 완벽한 섬입니다.
2. 축복받은 섬이 존재하지 않는다고 생각해 봅시다.
3. 그렇다면 그것보다 더 완벽한 섬이 존재한다고 상상할 수 있습니다. 하지만 정의에 따르면 그것은 불가능합니다.

그러므로 축복받은 섬은 존재합니다.

생각해 봅시다!

'오랑우탄에게 숲은 물고기에게 물과 같다'처럼 논리적 유추가 포함된 문장을 써 봅시다.

'숫자 2와 6의 관계는 3과 9의 관계와 같다'처럼 수학적 유추가 포함된 문장을 써 봅시다.

권위 있는 사람의 의견이 항상 좋은 근거일까요?

학자들은 언제나 자신의 주장을 입증하고 다른 사람들의 논증을 비판하기 위해 좋은 논증을 하려고 해요. 좋은 논증은 좋은 근거로부터 주장을 이끌어 내야 해요. 철학자들은 사람들이 **오류**라고 부르는 나쁜 근거들을 자꾸 사용한다는 사실을 알게 됐어요. 여러분이 오류에 빠지지 않도록 가장 흔한 오류 몇 가지를 살펴봅시다.

우선 권위에 호소하는 오류는 논증을 위해 관련이 없거나 적절하지 않은 권위에 의존하는 경우를 말해요. 권위 있는 인물은 누구일까요? 어느 한 분야의 전문가 그리고 어떤 일을 책임지는 선생님, 부모님 같은 사람들이 될 수도 있지요. 그럼 '권위에 호소하는 오류'에 빠지지 않으려면 어떻게 해야 할까요?

권위의 타당성에 대해 생각해 봅시다. 예를 들어, 여러분은 스키 클럽에 가입할지 말지 결정하려는데 무릎이 아파요. 그렇다면 여러분의 무릎을 검사한 의사 선생님이 여러분에게 타당한 의견을 말해 줄 수 있어요.

신중해야 해요. 권위자라고 해도 자신이 아는 것과 관련 없는 의견을 말하는 경우가 흔하니까요. 의사 선생님은 여러분이 아픈 무릎으로 스키를 타도 되는지 적절한 의견을 줄 수 있어요. 하지만 의사 선생님이 여러분의 친구들이나 여러분이 입는 옷, 게임, 책 등에 대해 이야기한다면 그의 의견은 특별히 중요하지 않아요.

결국 어떤 권위자라도 틀릴 수 있어요. 철학자들은 증거도 없이 자신의 말을 믿어 주기를 바라는 사람들을 의심해요. 역사적으로 아주 유명한 철학적 구호가 두 가지 있어요. 하나는 라틴어로 눌리우스 인 베르바 (Nullius in verba), 즉 '누구의 말도 곧이곧대로 믿지 마라'이고, 다른 하나는 사페레 아우데(Sapere aude), 즉 '감히 알려고 하라'예요.

19세기 미국 철학자이자 시인인 **랠프 월도 에머슨**은 자기 자신을 믿고 나아가야 한다고 했어요. 그는 우리가 스스로 최선의 판단을 내렸는데도 권력의 압박에 굴복해 자신의 판단과 반대되는 주장을 해서는 안 된다고 말했지요. 예를 들어, 젊은이들은 어른을 존경하라고 배워요. 하지만 존경은 무조건적인 순종과는 달라요. 우리는 스스로에게 진실해야 하며, 좋은 근거를 제시하지 않는 논증에 반대해야 해요. 이런 지적은 무례해 보일지도 몰라요. 하지만 에머슨은 우리가 "모든 면에서 무례하게 보일지라도 진실을 말할 수 있을 만큼 용감해야 한다"고 했어요.

18세기 영국 철학자인 **메리 울스턴크래프트**는 여성의 권리를 지키는 데 힘썼어요. 울스턴크래프트가 살던 시대에는 남성들은 할 수 있지만 여성들은 할 수 없는 것들이 많았어요. 예를 들어, 여성은 투표를 할 수 없었고 정치에 참여할 수 없었어요. 또 개인 재산을 소유할 수 없었고 이혼이 허용되지 않았으며 스포츠를 즐길 수 없었고 자기 이름으로 된 은행 계좌를 마련할 수도 없었죠. 울스턴크래프트는 이러한 성차별이 사회의 큰 발전을 막는다고 주장했어요. 문제 해결책은 단 한 가지, 바로 남자아이들과 여자아이들 모두가 평등한 교육을 받아 삶에서 모든 것을 누릴 수 있도록 하는 것이라고 했어요. 교육은 이성적 존재인 인간이 독립적인 인격을 갖추도록 해 줘요. 이 말은 이성의 권위 말고는 어떤 권위에도 고개를 숙이지 않아야 함을 뜻해요.

생각해 봅시다!

여러분은 아래 논증이 '권위에 호소하는 오류'를 범하고 있다고 생각하나요? 왜 그렇게 생각하나요? 그렇지 않다면 그 이유도 말해 봅시다.

현수는 다른 행성에도 생명체가 있다고 믿어요. 왜냐하면 현수 아빠가 그렇게 말씀하셨거든요. 다른 행성에도 생명체가 있다고 논증하려면 증거가 필요해요.

여러분이 생각하는 '권위에 호소하는 오류'의 예를 말해 봅시다.

사람들을 비판해야 할까요? 아니면 사람들의 생각을 비판해야 할까요?

여러분이 조심해야 할 또 다른 흔한 오류는 '인신 공격의 오류'예요. 예를 들어, 지나가 이렇게 말했다고 합시다. "우리 반 담임 선생님은 정말 끔찍해요. 주황색 바지에 초록색 스웨터를 입었잖아요!" 가르치는 능력과 그 사람이 입은 옷이 큰 관련이 있을까요? 그렇지 않을 거예요. 나는 주황색 바지에 초록색 스웨터를 입었지만 잘 가르치는 훌륭한 선생님이 얼마든지 있을 거라고 생각해요! 지나는 선생님이 입은 옷을 보고 잘 가르치지 못할 거라고 판단했어요. 이 오류와 밀접한 관련이 있는 오류가 세 가지 더 있어요.

피장파장의 오류는 상대방의 잘못을 들어 그 주장이 잘못되었다고 판단하는 오류를 말해요. 수빈이는 우리 지역에 있는 공장이 환경을 오염시키기 때문에 폐쇄해야 한다고 주장해요. 그런데 옆에 있던 동주가 "수빈아, 너도 맨날 스티로폼 컵을 길바닥에 버려 환경을 오염시키잖아."라고 수빈의 주장을 무시한다면 이것은 피장파장의 오류라고 할 수 있어요.

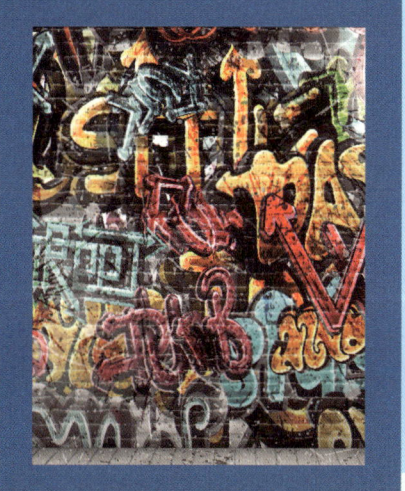

연좌의 오류는 상대방이 나쁜 집단과 관련있다는 이유를 들며, 그 주장이 잘못되었다고 판단하는 오류를 말해요. 예를 들어, 환경 운동가들 중 몇 명이 마을 벽에 낙서했어요. 그런데 이 사실을 두고 낙서를 하지 않은 환경 운동가 수빈이를 공격한다면 연좌의 오류에 해당해요.

정황적 오류는 상대가 처한 환경을 이용해서 공격하는 것을 말해요. 환경 운동가인 수빈이에게 "네가 공장을 폐쇄해야 한다고 주장하는 진짜 이유는, 공장 땅이 공원으로 바뀌면 친구들과 농구를 할 수 있기 때문이잖아."라고 말하는 것은 수빈이가 농구를 좋아한다는 상황을 이용하여 공격하는 인신 공격의 오류에 속해요.

프랑스 18세기 철학자 **장 자크 루소**는 자녀를 키우는 방법에 대한 유명한 책 《에밀》을 썼어요. 루소가 살던 시대에 아이들은 부모님의 엄격한 통제 속에서 온갖 쓸모 없는 것들을 배워야 했어요. 루소는 아이들이 선하고 현명한 상태로 태어난다고 했어요. 그는 아이들이 자유롭게 경험하며 배워야 한다는 대안을 제시했어요. 그런데 정작 루소 자신은 자식이 다섯 명 있었음에도 직접 키우지 않고 모두 고아원에 보냈어요. 이러한 사실 때문에 어떤 사람들은 아이들에 관한 루소의 이론이 무의미하다고 생각해요. 여러분은 이 생각에 동의하나요? 아니면 그들은 인신 공격의 오류를 범하고 있는 걸까요?

20세기 독일의 철학자 **마르틴 하이데거**는 《존재와 시간》이라는 중요한 책을 썼어요. 이 책에서 최고 수준의 도덕적 권위는 개인의 자유로운 선택에서 나온다고 했어요. 하지만 1933년 하이데거는 유대인을 비롯해 수백만 명을 죽음으로 몰아넣은 나치당에 가입했어요. 심지어 여러 글에서 나치를 옹호하기까지 했어요. 이러한 사실 때문에 도덕성에 관한 하이데거의 이론이 틀렸다고 주장하는 사람도 있어요. 여러분은 이 주장에 동의하나요? 아니면 인신 공격의 오류를 범하고 있는 걸까요?

생각해 봅시다!

여러분은 다음 주장이 '인신 공격의 오류'를 범하고 있다고 생각하나요? 왜 그렇게 생각하나요? 그렇지 않다면 그 이유도 말해 봅시다.

1. 기혜는 축구팀에 들어갈지 말지 고민하고 있어요. 그런데 친구 미정이가 축구팀에 있는 여자아이들 대부분이 심술궂기 때문에 기혜에게 축구팀에 들어가면 안 된다고 해요.

2. 승재는 방과 후 활동으로 미술 동아리에 들어가고 싶은데 미술 동아리 가입 신청자 명단에 여자아이들밖에 없다는 사실을 알게 됐어요. 승재는 여자아이들만 있는 동아리에 들어가면 안 될 것 같아요.

3. 여러분이 생각하는 '인신 공격의 오류' 예를 적어 봅시다.

대중적인 의견은 모두 옳을까요?

여러분! 빅뉴스가 있어요. 최근 여론 조사에 따르면 대통령 선거에서 투표자의 95퍼센트가 내게 투표할 계획이에요. 이 사실은 내가 확실히 가장 훌륭한 후보라는 것을 입증해요.

뭐라고요? 그런 것 같지 않다고요? 왜요?

또 다른 오류를 살펴볼까요? 여러분은 친구들이 모두 스마트폰을 사자 여러분도 하나 사야겠다고 결심했어요. 아마 엄마에게 이렇게 간청했을 거예요. "엄마, 제발요. 다른 애들도 다 스마트폰을 가지고 있단 말이에요!" 또 친구들이 스마트폰 게임을 하자 여러분은 스마트폰으로 게임을 해야겠다고 결심했어요. "제발요, 엄마. 다른 애들도 다 한단 말이에요!"

잘 읽어 보면 이러한 추론은 굉장히 어리석어 보여요. 그렇지 않나요? 그 추론은 논리적으로 틀렸기 때문이에요.

군중에 호소하는 오류는 많은 사람들이 그렇게 행동하거나 생각한다고 내세워 그 결론이 참이라고 입증하는 것을 말해요. "이 물건이 가장 좋습니다. 왜냐하면 가장 많이 팔렸기 때문입니다."와 같이 주로 광고에서 자주 발견되지요.

우월한 사람에게 호소하는 오류란 다른 뛰어난 사람들이 이미 받아들였다고 말함으로써 여러분의 주장이 옳다고 하는 것을 말해요. 예를 들어, "멋진 아이들은 다들 헬멧 없이 자전거를 타요."라고 말하는 것이지요. '군중에 호소하는 오류'와 마찬가지로 '우월한 사람에게 호소하는 오류' 역시 여러분의 주장이 맞다고 밀고 나가는 데 다른 사람들의 힘을 이용해요.

이와 비슷한 오류로 **동정심에 호소하는 오류**와 **위협에 호소하는 오류**가 있어요. "만약 나를 팀으로 뽑아 주지 않으면 여기서 울어 버릴 거야." 라든지, "나를 뽑아 주지 않으면 네가 승주한테 홀딱 반했다고 딴 애들한테 말할 거야."와 같이 동정심이나 위협에 호소하는 것이지요.

19세기 독일 철학자 **카를 마르크스**는 가난한 사람들은 먹을 것도 없는데 부자들은 왜 점점 더 큰 부자가 되는지 알기 위해 경제가 돌아가는 방식을 공부했어요. 그리고 **공산주의**라는 완전히 다른 체제를 새로운 이념으로 제시했어요. 공산주의에서는 모든 사람이 평등해요. 사람들은 마르크스의 이념을 달가워하지 않았어요. 그래서 마르크스를 체포했고 그의 사상이 책으로 출판되는 걸 막았어요. 그의 장례식에 온 사람은 고작 열한 명뿐이었어요. 그런데 20세기가 되면서 마르크스의 생각은 인기를 얻었어요. 그의 책은 전 세계적으로 수백 만 부 이상 팔려 나갔어요. 오늘날 마르크스는 역사상 중요한 학자로 평가 받고 있어요. 초기에 마르크스가 인기가 없었다는 사실이 그의 생각이 틀렸다는 것을 증명할까요? 훗날 마르크스가 얻은 인기가 그의 생각이 옳다는 것을 증명할까요?

고대 중국 철학자인 **노자**는 도교를 창시했어요. 도교의 도(道)는 '길' 또는 '방법'을 뜻해요. 도교의 목표는 인간을 얽매는 것들로부터 자유로워지는 것이에요. 많은 사람들이 노자의 현명한 가르침을 받고자 했지만 그는 세상에 이름을 떨치고 싶은 생각이 없었어요. 그래서 자신의 사상을 5,000여 글자로 남긴 뒤 모습을 감추었어요. 《도덕경》이라고 불리는 이 책에서 노자는 단순하고 소박한 삶을 권하며 이런 말을 남겼어요. "남을 아는 것은 지혜롭고, 자신을 아는 것은 밝다." 자신을 아는 것이야말로 진정으로 총명하다는 뜻이에요.

생각해 봅시다!

여러분은 아래 주장들이 군중에 호소하는 오류라고 생각하나요? 왜 그렇게 생각하나요? 그렇지 않다면 그 이유도 말해 봅시다.

1. 신은 분명히 존재해요. 왜냐하면 수많은 사람들이 신을 믿기 때문이지요.

2. 이 그림책은 가장 좋은 책이에요. 올해 가장 많이 팔렸거든요.

3. 이 뉴스는 중요한 게 틀림없어요. 모든 소셜 미디어에서 언급되고 있거든요.

4. 법정에서는 배심원이 다수결로 판결해요. 그러므로 그들은 올바른 결정을 내렸다고 볼 수 있어요.

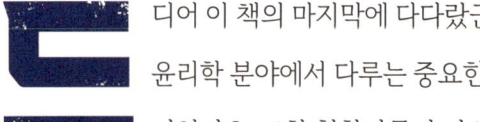

어떻게 논쟁해야 할까요?

드디어 이 책의 마지막에 다다랐군요. 이제 여러분은 형이상학과 인식론, 윤리학 분야에서 다루는 중요한 질문들에 대한 여러 철학자들의 입장을 알게 되었어요. 또한 철학자들이 자신의 생각을 주장하는 데 사용하는 논리적 기술도 알아봤어요. 역사 속 철학자들이 그랬듯 여러분도 이제 자신의 철학을 발전시킬 준비가 된 거예요!

철학의 창시자인 소크라테스가 어떠한 책도 쓰길 거부한 사실을 떠올려 보세요. 소크라테스는 다른 사람들과 토론을 통해서 진리를 추구해야 한다고 굳게 믿었어요. 논쟁은 어떤 문제에 대해 서로 반대 입장인 양측 사람들 간 토론을 뜻해요. 마지막으로 여러분이 논쟁을 할 때 도움이 될 만한 몇 가지 생각을 살펴봅시다.

말의 뜻을 정확히 밝히세요. 실제로는 저마다 다른 것을 말하면서, 서로 의견이 반대된다고 오해할 때도 있어요. 예를 들어, 나는 반려견 위저드가 사람이라고 말해요. 여러분은 개가 사람이 아니라고 말하겠죠? 그런데 내가 개를 사람이라고 하는 이유는 개도 마음이 있는 존재라는 뜻이에요. 여러분의 말은 개가 '생물학적 인간'이 아니라는 의미이겠지요. 우리가 의미하는 바를 명확히 이해하면 둘 다 옳다는 것을 알게 될 거예요.

상대방을 배려하세요. 누군가의 의견에 정말 반대한다면 그 사람 말을 듣고 싶지 않을 거예요. 그래도 잘 듣고 그들이 무슨 말을 하는지 이해해야 해요. 상대방이 잘 설명할 수 있도록 하고, 여러분이 그 생각을 이해했다는 것을 보여 주세요. 그러면 그들도 아마 여러분처럼 할 거예요!

의견을 뒷받침할 수 있어야 해요. 그러려면 충분한 이유와 증거가 있어야 해요. 여러분이 한 행동을 믿는 이유가 무엇인가요? 그 이유는 확실하지 않을지도 몰라요. 생각하고 연구하다 보면 여러분의 생각이 바뀔지도 몰라요. 그것이 바로 여러분이 성장한다는 신호예요.

20세기 미국 철학자 **존 듀이**는 민주 사회에서 논쟁은 삶에 꼭 필요한 부분이라고 했어요. 민주주의는 국민들이 통치하는 것을 의미해요. 국민 스스로 통치하려면 마주한 문제들을 잘 알고 예의를 갖춰서 토론할 수 있어야 해요. 듀이는 교육을 삶을 준비하는 과정이 아니라 삶 그 자체라고 믿었어요. 즉 그저 어른이 될 때를 준비하는 연습이 아닌, 자신이 속한 사회에 참여하는 방법으로써 토론을 해야 한다는 것을 뜻해요. 민주주의에서는 투표를 하는 것도 중요하지만 문제의 양쪽 면을 생각해 보고 토론하는 게 훨씬 중요해요.

20세기 영국 철학자 **버트란드 러셀**은 논쟁을 하다 보면 평상시에 철석같이 믿었던 것에도 의혹을 품을 수 있다고 경고했어요. 하지만 그럼에도 불확실성을 바람직한 것으로 보았지요. 철학의 주된 임무는 확실성에서 해방시키는 것이에요. 어떤 확신이 들면 우리는 이와 반대되는 말에는 귀를 잘 기울이지 않거든요. 우리가 마주한 수많은 쟁점들을 살펴보면 문제점이 드러나고 불완전한 답으로 이어지기도 해요. 괜찮아요! 여러분이 품은 의문을 탐구할 용기만 있다면 진리에 더 가까이 다가갈 수 있어요. 최악의 실수는 이미 품고 있는 믿음과 일치하는 사실이나 진술만 찾아다니는 것이에요. 이렇게 자신에게 유리하거나 좋은 것만 고르는 태도를 '체리 피킹(Cherry Picking)'이라고 해요. 체리나무 과수원에서 잘 익은 체리만 따고, 그렇지 않은 체리는 건드리지 않은 행동에서 유래한 말이지요. 이러한 태도를 버리고 여러분이 탐구하다가 마주친 놀라운 것들로 마음을 넓혀 보세요.

생각해 봅시다!

육식은 나쁜가요? 그렇지 않은가요? 친구들을 모아서 토론해 봅시다. 두 입장 가운데 어느 한쪽 편을 선택해요. 마음을 완전히 정하지 못했더라도 상관없어요. 어쩌면 그냥 무작위로 어느 한편을 고르고 싶을지도 몰라요. 이제 증거로 뒷받침할 수 있는 근거들을 가지고 여러분이 선택한 주장을 논증해 봅시다. 상대방이 제기할지 모르는 반대를 예상해 보고 반대 주장에 대답해 봅시다. 여러분은 철학자들이 토론을 하는 목적은 이기는 것이 아니라 진리를 찾는 데 좀 더 가까워지는 것임을 명심해야 해요.

용어 풀이

결정론자: 우리의 모든 행동이 과거에 일어난 일들과 자연 법칙에 의해 이미 결정되어 있다고 믿는 사람

경험론자: 눈, 귀, 코, 혀, 피부 같은 다섯 감각을 통해 이 세계를 경험함으로써 지식을 얻을 수 있다고 믿는 사람

공산주의: 개인의 재산 소유를 인정하지 않고 모든 사람들이 재산을 공동 소유함으로 부유한 사람과 가난한 사람의 경제적 차이를 없애려는 사상

근거: 의견을 뒷받침해 주는 이유

논리: 글에서 사고나 추리 등을 이치에 맞게 이끌어 가는 과정이나 원리

논쟁: 특정 주제와 관련해 각각 자기의 주장을 말이나 글로 다툼.

도덕성: 옳고 그른 것이 무엇인지 아는 것

무정부주의자: 정부가 필요 없다고 믿는 사람

민주주의: 국민들이 통치하는 것을 기본 원리로 하는 사상

보편적: 시간과 공간에 상관없이 모든 사람에게 똑같이 적용되는 것

사고 실험: 이론을 시험하기 위해 고안해 낸 가상의 실험

삼단 논법: 여러 단계를 거쳐 결론을 이끌어 내는 것을 보여 주는 짧은 논증

스토아학파: 감정을 억제하며 이성에 따라 삶을 살아가야 한다고 주장한 학파

신학자: 신에 대해 연구하는 사람

양립 가능론자: 우리의 행동이 이미 결정되어 있다 하더라도 자유로운 선택이 가능하다고 믿는 사람

영원: 시작과 끝이 없이 이어짐.

영혼: 인간의 정신적 부분 또는 인간 이외에 깃들어 있다는 형체가 없는 존재

오류: 옳지 않은 추론

욕구: 무엇을 얻거나 무슨 일을 하고자 바라는 일

이론: 사물의 이치나 지식을 설명하기 위해 생각들을 논리적으로 연결한 체계

자유 의지: 자기 행동을 스스로 결정할 수 있는 힘이나 능력

종교: 신이나 초자연적인 절대자 또는 힘에 대한 믿음을 통하여 고통을 해결하고 삶의 의미를 추구하는 문화 체계

창의성: 새로운 것을 생각해 내는 능력

패러다임: 어떤 시대나 지역을 지배하는 생각의 틀

패러독스: 어떤 주장이나 이론이 겉보기에는 모순되어 보이나 그 속에 중요한 진리가 함축되어 있는 것

평화주의자: 전쟁과 폭력에 반대하는 사람

합리론자: 경험론자와 반대로 이성을 통해 진리를 얻을 수 있다고 믿는 사람

회의주의: 사람이 확실한 지식을 알 수 있다는 가능성을 의심하는 입장

찾아보기

ㄱ
가언적 삼단 논법 125
가우닐로 134
가치 13-14, 88
감정 90-93
개릿 하딘 103
거짓말 14, 94-97
게오르크 헤겔 69
경험론자 57
고타마 싯다르타 87
고트프리트 빌헬름 라이프니츠 24
고틀로프 프레게 132
공자 108
구루 나나크 39
군중에 호소하는 오류 145
권위 10, 134, 136-130, 142
귀납식 추론 129-131
긍정 논법 121-122
기독교 35, 122

ㄴ
나가르주나 69
낸시 프레이저 54
넬 나딩스 95
노자 146
논리학 12, 14, 132-135
논쟁 11, 12, 61, 70, 148-151
논증 14, 52, 119-127
놈 촘스키 57
니시타니 게이지 115
닉 보스트롬 77
닐 디그래스 타이슨 32

ㄷ
다비트 힐베르트 133
대니얼 데닛 36
데릭 파핏 40
데이비드 도이치 77
데이비드 차머스 65
데이비드 흄 58
도교 146
도덕성 77, 79, 107, 142
동정심에 호소하는 오류 145

ㄹ
라인홀드 니부어 115
랠프 월도 에머슨 138
로렌스 M. 크라우스 23
로렌스 반주어 53
로버트 노직 87
루스 베네딕트 74
루트비히 비트겐슈타인 66
르네 데카르트 58
리처드 로티 73
리처드 테일러 116
리처드 퓨머튼 47
린 러더 베이커 39
린다 재그젭스키 53

ㅁ
마르쿠스 아우렐리우스 104
마르틴 하이데거 142
마사 누스바움 88
마이클 왈저 111
마틴 루터 킹 주니어 112
마하비라 111
메리 아스텔 57
메리 울스턴크래프트 138
무(無) 22-25
무정부주의자 107
물리학 13
미셸 드 몽테뉴 99
미셸 푸코 54
민주주의 10, 150
믿음 10, 13, 52-55, 57, 60, 63, 70, 71, 80-83, 104, 105, 122, 150

ㅂ
바뤼흐 스피노자 23
B. F. 스키너
(버러스 프레더릭 스키너) 47
버트란드 러셀 150
범주적 삼단 논법 121
법 106-109
베티 프리던 115
보편적 74, 75
부정 논법 121
불교 35
블레즈 파스칼 122
비판적 사고 14

ㅅ
사고 실험 18, 36, 40, 58, 66, 87, 106
삼단 논법 115-117
샤론 베리 127
선언적 삼단 논법 125
세네카 91
섹스투스 엠피리쿠스 61
소크라테스 10, 11, 12, 13, 15
쇠렌 키르케고르 104
수잔 슈나이더 77
수잔 울프 41
수학 132, 133
스토아학파 91
스튜어트 햄프셔 65
스티븐 핑커 81
스티븐 호킹 44
시간 42-45
시몬 드 보부아르 112
시몬 베유 99
시시포스 114, 116
실재 10, 13, 17-21, 53, 73, 85

ㅇ
아낙시메네스 31
아네트 바이어 81
아닐 K. 굽타 57

아디 샹카라 19
아리스토텔레스 100
아우구스티누스 44
아이작 뉴턴 43, 82
아인 랜드 19
안셀무스 134
알 가잘리 81
알랭 드 보통 99
알베르 카뮈 116
알베르트 아인슈타인 111
앨러스데어 매킨타이어 95
앨런 튜링 78
양주 95
에드문트 후설 43
에릭 올슨 39
에마뉘엘 레비나스 103
에피쿠로스 100
에픽테투스 87
엠마 골드만 107
연좌의 오류 141
영원 26, 28, 29, 32, 35, 39
영혼 29, 32-35, 37, 38, 98
오류 136-147
오컴의 면도날 62
우월한 사람에게 호소하는 오류 145
우정 98-101
우주의 구성 22-33
위르겐 하버마스 69
위협에 호소하는 오류 145
윌리엄 제임스 67
윌리엄 페일리 130
유추 128-129
윤리학 12, 13, 85-87
이론 18, 30, 54, 62, 130, 142
이븐 루시드 28
이븐 시나 36
이성 80-83, 90-93, 96, 134, 138
인공지능 76-79
인생 114-117

인식론 12, 13, 148
인신 공격의 오류 140-143
임마누엘 칸트 96

ㅈ
자아 34-37
자아 성찰 88
자유 의지 44-49
자크 데리다 43
장 자크 루소 142
장 폴 사르트르 48
장자 31
정당화 52-55, 110
정황적 오류 141
제논 126
제니퍼 로빈슨 91
제러미 벤담 87
제스 프린즈 91
조지 버클리 19
존 듀이 150
존 레녹스 82
J. L. 매키(존 레슬리 매키) 122
존 로크 40
존 롤스 108
존 설 78
존 스튜어트 밀 88
좋은 논증과 나쁜 논증 124-127
주돈이 23
주디스 버틀러 35
지식 10, 13, 51-63
진리 10, 11, 32, 60-63, 68-75

ㅊ
찰스 다윈 130
C. A. 캠벨 (찰스 아서 캠벨) 47
창세 설화 29
창의성 77, 79
철학의 기원 10
철학의 분야 12-14
체리 피킹 150
초인 92, 93

ㅋ
카카를 마르크스 146
크리스토퍼 히친스 82
키케로 61

ㅌ
탈레스 31
토마스 아퀴나스 28
토머스 네이글 66
토머스 쿤 73
토머스 홉스 48
통계적 삼단 논법 125

ㅍ
파르메니데스 62
패러다임 73
패러독스 68
평화주의자 111
폭력 48, 110-113
폴 처칠랜드와 퍼트리샤 처칠랜드 20
프랜시스 베이컨 126
프리드리히 니체 90
플라톤 20
플로티누스 74
피장파장의 오류 141
피타고라스 32
피터 싱어 103

ㅎ
한나 아렌트 65
합리론자 57
H. L. A. 하트 (허버트 리오넬 아돌프 하트) 107
행복 86-89
헤라클레이토스 31
헨리 데이비드 소로 107
형이상학 12, 13, 148
혜자 61
환생 39
회의주의 60-63
힐러리 퍼트넘 73

같은 질문 다른 대답
생각을 깨우는 철학

1판 1쇄 2021년 9월 17일
1판 2쇄 2023년 4월 3일

지은이 | 샤론 케이
옮긴이 | 임현정

펴낸이 | 류종필
편집 | 박병익
마케팅 | 이건호
경영지원 | 김유리
디자인 | 양X호랭 DESIGN

펴낸곳 | (주)도서출판 책과함께
　　　　주소 (04022) 서울시 마포구 동교로 70 소와소빌딩 2층
　　　　전화 (02) 335-1982
　　　　팩스 (02) 335-1316
　　　　전자우편 prpub@daum.net
　　　　블로그 blog.naver.com/prpub
　　　　등록 2003년 4월 3일 제2003-000392호

잘못된 책은 구입하신 서점에서 바꾸어 드립니다.

ISBN 979-11-91432-15-2 73170